LA VIDA SUAVE

LA VIDA SUAVE

Sabiduría para el hoy

ALEJANDRA LLAMAS

Grijalbo

El papel utilizado para la impresión de este libro ha sido fabricado a partir de madera
procedente de bosques y plantaciones gestionadas con los más altos estándares ambientales,
garantizando una explotación de los recursos sostenible con el medio ambiente y beneficiosa para las personas.

La vida suave
Sabiduría para el hoy

Primera edición: febrero, 2026

D. R. © 2025, Alejandra Llamas

D. R. © 2026, derechos de edición mundiales en lengua castellana:
Penguin Random House Grupo Editorial, S. A. de C. V.
Blvd. Miguel de Cervantes Saavedra núm. 301, 1er piso,
colonia Granada, alcaldía Miguel Hidalgo, C. P. 11520,
Ciudad de México

penguinlibros.com

ISBN: 978-607-386-922-5

Impreso en México – *Printed in Mexico*

Este libro es para ti, mi Pat, que deseas vivir amando.
Te amaré por siempre por tu esencia suave que vi
a través de tu mirada, desde el primer momento en que
te tuve entre mis brazos. Es un honor ser tu madre.

*El silencio es el camino a la sabiduría interior, esta
es la que se conecta con la conciencia universal,
la que vive en armonía con su entorno.*

Alejandra Llamas

Índice

Agradecimientos

Quiero agradecer especialmente a Penguin Random House por ser la casa editorial de mis libros, es un gran honor para mí. A Ángela Olmedo por el amor y el profesionalismo que dedicó a la edición de este libro. También a Gena, Hana y Pat, y todas las personas que apoyan mi trabajo cada día.

Introducción.

¿Qué es vivir una vida suave?

Lo suave supera a lo rígido.
LAO TZU

Si deseas reducir algo,
primero debes permitir que se expanda.
Si quieres deshacerte de algo,
primero debes permitir que florezca.
Si quieres tomar algo,
primero debes permitir que te sea dado.
A esto se le llama la percepción sutil
de cómo son las cosas.
Lo suave se impone a lo duro.
La lentitud se impone a la rapidez.
Permite que tu trabajo permanezca en el misterio,
muestra a los demás solo los resultados.
VERSO 36 DEL *TAO TE CHING*, CONTRASTES

Durante muchos años he trabajado en el autoconocimiento personal, me apasiona el comportamiento y la naturaleza de cada ser humano. En este punto de mi vida he llevado a cabo un sinfín de sesiones con personas que han vivido todo tipo de retos y adversidades, y he impartido cientos de talleres de enseñanza. A lo largo del tiempo, he visto una y otra vez que muchos hemos aprendido a vivir una existencia aparente que delimita nuestro poder personal. A veces solo buscamos lo que superficialmente nos hace sentir vivos, pero en el fondo constantemente se implanta en nosotros una infelicidad, cierta desilusión, y esto nos lleva a olvidar quiénes somos realmente y de lo que somos capaces de trascender y conquistar.

Cuando nos alejamos internamente de nuestro ser verdadero construimos identidades falsas en las que nos creemos nuestros problemas, vivencias o circunstancias, y muchos deambulamos en laberintos mentales que parecen no tener salida. Esto crea un dilema constante, porque este engaño autoimpuesto lo confundimos con nuestra vida y con nosotros mismos.

Es la manía de vivir apegados a todo lo que creemos o pensamos y esto se sobrepone a la única realidad: la vida enfrente de nosotros, en el ahora, no en un pasado, no en una ilusión mental y no en un porvenir. Vivir apegados a la mente analítica y sus reacciones nos aleja de manera inmediata de estar presentes frente a las vivencias.

Y es que muchos actuamos como se espera de nosotros, nuestros corazones en muchas ocasiones son guiados por otros, sin cuestionar que tal vez forjamos una apariencia de vida que nos acaba rigiendo, porque no está acompañada de nuestro corazón.

Muchos también hemos sido gobernados por la convicción fundamental que promueve la industria de la autoayuda: la idea de "mejorar la vida o mejorarnos a nosotros mismos". Esto resulta en una trampa, nos mete en un trance que termina por adormecernos, distorsiona nuestra percepción y nos apega a la creencia de que hay algo mal con nosotros y con la vida misma; nos hace dejar de lado nuestra soberanía y la entrega a la vida, nos ciega de la posibilidad de vernos y vivir como seres completos para permitirnos saborear la riqueza de cada momento.

Al vivir con la creencia de que nos falta algo, nos convertimos en seres que olvidan su genialidad; en su lugar, se apoderan de nosotros acartonadas inseguridades que entorpecen la posibilidad de sumergirnos en la vida desde la inspiración, un canal que abre el reconocimiento de que la solución a cualquier dilema es vivir con un mayor entendimiento de lo que percibimos como creencias limitantes.

Este libro pretende recordarte que no somos un problema por solucionar, porque esto solo consigue desplazar nuestra integridad. Piénsalo… lo que juzgamos como un problema y su solución se convierte en una paradoja que crea un nudo mental porque al querer mejorar lo que ya es, nos alejamos de vivir desde la humildad y la honestidad del corazón abierto. Por lo tanto, te invito a ver los problemas como situaciones y a nosotros mismos como seres sagrados y capaces. Como un punto de partida.

A partir de esto te invito a recorrer las palabras de este libro como un sendero que te lleve a una nueva visión de tu vida y, sobre todo, de ti. A vivirte y a habitarte del todo.

Hallarte en cada instante con la posibilidad de surgir desde tu consciencia pura te invita a comprender que la vida está hecha para habitarla desde la calidad de tu presencia, y no para acumular una suma incansable de distractores que nos impone la cultura, la cual, a algunos, nos convierte en seres complejos que pasan la vida exigiendo para ser aparentemente complacidos.

Esto representa dejar las relaciones complicadas, los impulsos artificiales, los entretenimientos vacíos y las demandas constantes que terminan por agotar, con el fin de valorar lo que se vive con un ímpetu verdaderamente franco, en el que nos colocamos más cerca del latir de la vida misma.

La invitación de este libro es clara: es un replanteamiento. No importa lo que vivas hoy, en dónde te encuentres o cuáles sean tus objetivos, este libro te invita a entregarte a la vida de manera cálida, sólida y congruente, a hacer las paces con quien ya eres y lo vivido. Te acerca a comprender que la esencia humana requiere sencillez para ser feliz y, a la vez, requiere honrar el ritmo pausado de la vida.

Si algo de esto te resuena, el camino por estas páginas es para ti; en cada reflexión encontrarás un refugio que te llevará hacia dentro, a tu claridad interior; a un espacio poco visitado por muchos, donde se vive un júbilo constante, una paz que acoge y un conocimiento que baña la vida. Al tocar la inocencia que nos invita a vivir sin pretensiones, dejamos de ser exageradamente artificiales y de ser guiados por el miedo, sin saberlo.

Las enseñanzas de este libro te acercarán a una dicha constante que recibe el dolor, la nostalgia o la profunda plenitud desde un ser sereno, complacido por sencillamente existir; te muestran cómo usar la vida para transformarte, para usar la adversidad a tu favor, para no huir, sino estar y comprender que, al sumergirte en el presente, reconoces que donde te encuentras ahora es el espacio ideal para desdoblarte, para descubrir rincones de ti que ignorabas, los cuales promueven la paciencia, el amor verdadero, la compasión, la empatía y la calidad de vida que invita a la claridad de pensamiento, y así, con estas virtudes, te fusionas en una profunda reverencia interna.

Respeto y honra son la invitación para dar cada paso venidero… pero ¿qué significa esto? Despertar a quien verdaderamente eres y usar cada relación y cada experiencia para verte y conocerte a ti mismo desde la iluminación, esa luz que se esconde en lo más ordinario de nuestra humanidad, y es —para los interesados en profundizar en su propia identidad— la que abre la posibilidad de sentir el néctar de la magia que realmente nos habita.

Asimismo, este libro te inspira a abandonar las búsquedas interminables, incluso las "espirituales" que nos hacen asumir creencias ajenas y muchas veces refuerzan ideas que convierten lo sagrado —que ya existe en cada uno— en conceptos que nos llevan a sentir la necesidad de "conseguir" algo fuera, lo cual solo se encuentra dentro de nosotros.

Hay que darnos la oportunidad de vivir desde una aceptación natural, observar y enamorarnos de la vida tal cual es. Esto es mejor que su contrario: la resistencia, ya que al recibir la vida, se revela la sabiduría y la paz existente dentro de cada uno con el fin de dar un sentido más profundo a nuestras vivencias.

Para ello, aprenderemos a dar prioridad a un espacio interior que posibilita la entrega radical a la existencia, que nos funde con el universo con la certeza de que somos parte íntegra de él, y nos expande e invita a vivirnos inherentes a su magnífica armonía e inteligencia.

Esta obra pretende que conectes con la sabiduría que ya vive en ti, que ha existido como el gran recurso de los seres humanos a lo largo de la historia de la humanidad. La sabiduría que reconoces en tu silencio y que te habita en cada instante, la que nos permite permanecer en un constante bienestar interno.

Es imprescindible hacer hincapié en que estas páginas te incitan a gestar tus sueños y también a vivir humildemente, a estar y moverte en el mundo, con la disposición de confundirte con un ser anónimo que irradia plenitud en su actuar; a vivir con la certeza de que el florecimiento de tus sueños es tan natural como respirar y dormir.

Al comprender esto, nos invade un descanso que nos convierte en servidores del mundo. Al dejar lo aprensivo a un lado, se vive desde la presencia clara. Al abandonar lo forzado y el sacrificio, nada te arrolla; vives dispuesto a soltar el apego de manipular la vida.

Al desplazarte en una vida más equilibrada, con una mente flexible, observarás lo que vives sin divisiones drásticas, sin etiquetas fijas, sin distinciones de "mejor" o "peor", las cuales en gran medida te delimitan.

Se desvanece también el infantilismo de la queja y el egocentrismo del que hemos abusado muchos y que ha expuesto nuestra necia inconsciencia e inmadurez como humanidad. Es vivir una vida fundamentada en la sabiduría interior que resulta sencilla, pero a la vez profunda. Y es que al recurrir a lo más luminoso dentro de cada uno como nuestro gran recurso, se nos revelan verdades sólidas para navegar las vivencias con mayor sentido y madurez.

Esto nos induce a recordar que la espiritualidad y el amor que somos capaces de dar, y que residen en cada uno, deben manifestarse de manera práctica y permanecer en cada reto, y también en la entrega de lo ordinario. Es decir, amar lo que se presenta, hermanar con otros, estar con ellos verdaderamente; y si se experimenta un dolor, recibirlo con suavidad, con el fin de transitar los senderos de la vida desde el resplandor interior.

Te invito a comenzar el recorrido a la conquista de la sabiduría siempre existente, esa que nos recuerdan los grandes seres humanos desde diferentes perspectivas, filosofías y épocas. Esto es volver a casa.

Hablaremos de la Verdad o Sattva, un concepto asociado a la serenidad, el balance, lo funcional, el conocimiento y las grandes virtudes. Representa la más sutil y pura esencia del ser humano. Nos mantiene en paz interior y nos invita a la liberación más allá de las vivencias del plano físico.

En este recorrido plácido por estas reflexiones, nos apoyaremos en enseñanzas de diferentes maestros y filosofías; deliberaremos lo paradójico, lo profundo y lo místico, con el fin de darle un sentido útil en el presente y de transformar nuestra vida de manera radical.

> *La cosa más suave del mundo*
> *se impone sobre la cosa más dura.*
> *Lo que no tiene sustancia*
> *entra en donde no hay lugar.*
> *Esto muestra el valor de la no acción.*
> *Enseña sin palabras.*
> *Actúa sin acciones.*
> *Esta es la manera del maestro.*
>
> Verso 4 del *Tao Te Ching*, "Cuando soñamos"

Capítulo 1

Preguntas importantes
y el encuentro con la consciencia

¿Cuál es el gran propósito de estar aquí?

Podría simplemente ser, vivir cada instante a plenitud, encontrar un sentido de entrega con el camino, reconocer que la percepción de esta experiencia está cargada de misterio y nuestra entrega a ella dependerá ,en gran medida, de nuestra disposición a vivir en humildad, la cual traspasa todo lo que se vive para seguir siendo asertivos y estar en constante evolución.

El mundo es una proyección de la mente, la vida es lo que filtra el ser, no podría ser de otra manera. Nos reflejamos en el mundo y decidimos cómo nos comprometemos —o no— con él; nuestras acciones y nuestros vínculos humanos guardan correspondencia con la relación que tenemos con nosotros mismos.

Pregúntate...

> ¿Cómo te relacionas con las situaciones que se presentan en el día a día y contigo mismo? ¿Vives dormido o despierto? ¿Y sabes qué es el despertar?

Las respuestas a nuestras reflexiones sobre la existencia se encuentran en el mismo lugar, en el vacío, en el misterio que nos rige, pero mientras nos cuestionamos continuamente, despertamos realmente. Pero, ojo, que esto que nos intriga o confunde no se convierta en una búsqueda sin fin, ya que solo hablaría de nuestra poca aceptación a la incógnita de qué es la vida en sí, y dejar las preguntas abiertas es indispensable para la aceptación radical de cada experiencia con el fin de conquistarlas.

A través del silencio y la rendición es que hacemos las paces con lo que no comprendemos. Al respetar de manera profunda la vida y sus matices, representamos el amor mismo y permanecemos con la mente y el corazón abiertos.

Es por eso que las preguntas acerca de la vida deben vivirse sin resistencia, en entrega, para luego soltar la exigencia de determinada respuesta.

El fin es no darle la espalda a la vida con nuestro incesante egocentrismo. Ya que en cuanto comenzamos a juzgar rígidamente, la magia de la vida se disipa y nos desplomamos ante un desencanto inmensamente común.

Muchos debido a nuestra ignorancia no sabemos cómo ser más amorosos, cómo interactuar de manera efectiva; algunos ni siquiera sabemos cómo remover los obstáculos que habitan en tantos de nosotros, y que nos aíslan y provocan un vacío inmensurable, una falta de motivación por verdaderamente vivir, que nos lleva a una búsqueda en el plano exterior de algo que adormezca la sensación de desencanto interno.

Pero sé que para muchos es algo inédito sentir automotivación por simplemente ser y, aún más, por plantearse la posibilidad de vivir con voz fuerte para dar paso a la autenticidad personal.

Si hoy vives con un llamado, si sabes que has dejado tu poder a un lado, explorar estas enseñanzas con curiosidad y aplicarlas a tu día a día, con el fin de recordar el brío olvidado, será capital para el resto de tu vida.

Y aunque parezca que muchas enseñanzas se transmitieron al mundo desde hace muchos años, los seres humanos seguimos con dilemas similares, con miedos heredados y haciéndonos preguntas semejantes.

Veamos qué podemos aprender de las grandes mentes que han vivido alineadas con un mayor entendimiento de lo que es realmente pasar por este plano terrenal, pues lo más complejo de vivir es querer hacerlo cargados de vanidad, incluso con nuestros pensamientos más absurdos.

La existencia generalmente se vive en matices que se consideran retos, momentos grises u ordinarios y el ingenio consiste en encontrar la magia dentro de ellos.

Siempre me ha apasionado la sabiduría ancestral, he escrito sobre ella, meditado y encontrado paz y grandes respuestas; he aprendido de maestros y enseñanzas longevas como el tao, el budismo, el zen, la filosofía veda, la Cábala, las lecciones de Jesús y Gandhi, entre otros. También aprendí mucho de personajes de los que escribí en *Esencia de líder*. Comprendí que Buda, Jesús, Gandhi, Martin Luther King Jr. y muchas figuras que me han inspirado enseñaban principios similares. Todos coincidían con la Verdad en mayúscula; esta sugiere que si la aplicamos en nuestro día a día nos revela lo asociado con la pureza interior y nos otorga la capacidad de sabernos seres completos; es la manera de relacionarnos con la vida, con nosotros mismos y con otros por encima de cualquier sistema de creencias, opiniones o perspectivas humanas.

Los grandes maestros nos invitan a mantener el equilibrio del ser, de la mente y el cuerpo a través de la Verdad o Sattva. Al cultivarla se nos promete el despertar y vivir alineados con el amor o la divinidad.

Cuando hablo de Verdad o Sattva me refiero a un estado de conciencia que comprende la vinculación con la sabiduría pura, con un entendimiento no dual de la vida, esto es, más allá de contrastes limitantes como bueno o malo, bonito o feo, me gusta o no me gusta, o la idea de que lo que asumes del exterior de alguna manera está separado de tu percepción.

Se nos enseña que el corazón puede recibir la vida fuera de la dualidad impulsada por la cultura, para encontrar sabiduría en las vivencias y resoluciones que nos enaltecen, integrando lo paradójico del mundo de la percepción.

Si se le permite, el corazón se alinea con la Verdad, la que no etiqueta y no establece contrastes. El entendimiento analítico sostiene sus posturas basado en sistemas de creencias colectivas culturales, donde lo social o lo moral limitan los entendimientos más empáticos porque colocan a la mente en juicios rigurosos básicamente de bien o mal, lo que expulsa matices más interesantes y generosos de lo que vivimos en cada momento.

Cuando creemos saberlo todo, vivimos saturados, desbordados de posturas y dejamos fuera la curiosidad. Al reconocer que no conocemos todo de una situación, se abre la mente a la posibilidad de alinearla con la Verdad que te conecta con tu sabiduría y compasión innata, lo que te une contigo mismo y con el todo; y esto es un descanso deseado.

Muchos no conquistamos la liberación interna por la mecánica de nuestro pensamiento, te voy a dar un ejemplo: piensa en una situación de tu vida en la que lleves años aprisionado por un punto de vista en el que estás del lado de la razón. Probablemente desde una posición social o moral, si tienes la razón es lógico pensar o actuar como lo haces ante dicha situación.

Te voy a dar unos ejemplos de pensamientos que nos atan a la interpretación de los hechos como la verdad. Pondré pensamientos comunes y abajo el hecho neutral, lo que sencillamente es…

- "Él no debería haber sido infiel".
  Hecho = él tuvo otra relación.
- "Ella no debería haberse aprovechado de mi confianza".
  Hecho = ella se aprovechó.
- "Él no debería haber abusado sexualmente de mí".
  Hecho = él abusó sexualmente.
- "Mi hijo debería respetarme".
  Hecho = el hijo le grita a la madre.
- "Ella no debía haber muerto".
  Hecho = ella murió.
- "Yo no merecía esta enfermedad".
  Hecho = existe una enfermedad.
- "Mi hijo debería estar sano".
  Hecho = el cuerpo del niño pasa por una enfermedad.
- "No me deberían haber corrido del trabajo".
  Hecho = ya no estás en ese trabajo.
- "La vida debería ser más justa".
  Hecho = la vida es como es.

Este tipo de pensamientos que se pelean con la realidad o lo que es son los que nos encierran en laberintos de sufrimiento porque, si bien, son razonables, al ser capaz de observarlos con atención, vemos que cada uno nos aleja de la aceptación y nos hace resistir lo que probablemente ya ES; y discutir con la realidad nos hace perder el cien por ciento de las veces, como dice la maestra Byron Katie. El dilema en situaciones como estas es reconocer que lo que pensamos de los hechos, cuando lo que interpretamos nos victimiza, nos encierra en un pasaje interior sin salida, porque creemos tener la razón cuando esta contradice lo que ya es o fue. El objetivo es neutralizar los hechos, o sea, por un momento no pensar una idea determinada de ellos y plantearnos: ¿yo quién quiero ser frente a esto, si ya no lo puedo cambiar? ¿Qué debo dejar de creer para moverme hacia la aceptación y con ello a mí poder y a la transformación personal?

Te invito hoy a reflexionar...

> ¿Qué te limita a plantearte esto desde
> una nueva mirada?
> ¿Deseas que este conflicto viva en ti o estás
> dispuesto a neutralizar su veneno con
> el fin de crear armonía en tu interior?
> ¿Qué sucede si sueltas tus juicios y permites que
> surja la curiosidad, si dejas de tomarte los hechos
> de manera personal?

Pregúntate si ves el valor de vaciar tu mente de todas las preconcepciones que cargas para realmente escuchar algo nuevo. ¿Te permites aceptar y dar un paso atrás para reconocer tu poder y participación en las dinámicas que suceden en tu vida?

¿Te rindes a ser guiado por una inteligencia mayor?

Si te abres a experimentar la vida así, verás que esto vuelve bella a la tristeza. La nostalgia se convierte en un instrumento de creación, aceptamos las emociones aunque nos incomoden, y los otros se transforman en nuestros maestros porque, aunque sus acciones nos duelan, al soltar y ser asertivos, nuestro bienestar toma nuevas rutas y reconocemos el vigor que llevamos dentro. Ponemos límites y salimos del fango mental, la claridad regresa y nos concentramos en lo que sí se alinea con nosotros.

Esto implica una gran felicidad, no la que depende de algo exterior, sino la dicha de poder ser y estar frente a la realidad en cada preciso momento sin tener que huir mentalmente. Y esto es poderoso y sereno porque hace que emane la compasión que permite la vulnerabilidad, dejamos de forzar lo mecánico en nosotros para simplemente sentir, llorar o reír.

Vivir asi abre un espacio para acogernos, para decirnos: te amo y aprecio tus luchas, con todo lo que no entiendes, con tus miedos o inseguridades; estoy abierta a integrar todo. Ese es un momento sagrado y profundamente real. Es la satisfacción de saber que podemos conquistar los obstáculos que se presentan en nuestra experiencia de vida. Si vivir así suena lejano de tu vida actual, te invito a soltar los escudos que has puesto en tu corazón y en tu mente, con el fin de retirar el modo de defensa en tu vida.

Es dejar de aparentar y de tomar posturas forzadas, porque muchos mentimos inconscientemente y actuamos de maneras que contradicen lo que realmente deseamos. Por ejemplo, fingimos ser felices en una relación cuando en el fondo sabemos que hay inconformidad y no lo hablamos; asistimos a eventos sociales porque creemos que tenemos que pertenecer; o mostramos una cierta personalidad en público con el fin de agradar. Sin embargo, al soltar la idea de vivir artificialmente o conseguir algo para darnos valor, encontramos la plenitud simplemente siendo y esto es sumamente luminoso.

Si miramos cómo interactuamos entre humanos, es fácil reconocer que nos mantenemos divididos unos de otros y, al mismo tiempo, tratamos de conectar. En diversos niveles esta desconexión crea una distancia o soledad que muchos experimentamos. También se puede sentir desconfianza, ansiedad, falta de seguridad, ser duros con nuestros juicios o fallas, y esto nos inunda de miedos constantes. Nos provoca una falta esencial de empatía y, sobre todo, la inhabilidad de comunicarnos de manera efectiva, transparente y, más allá de todo, amorosa.

Vivir cerrados, alejados, fuera de la sinceridad y evadiendo crea en nuestra vida enojo, sufrimiento, preocupaciones, anhelos y dilemas que se encapsulan en emociones que cargamos en nuestro cuerpo.

En sánscrito a esto le llaman *samskaras*, esas impresiones o condicionamientos mentales y emocionales que influyen en el presente, en nuestros pensamientos, sentimientos y comportamientos. Son rasgos de nuestro pasado que moldean la manera de interactuar en el presente. Te lo explico con más detalle: nuestro cuerpo, al ser un campo de energía, cuenta con setenta y dos mil canales energéticos que en sánscrito llaman *nadis*. Son conductos por donde circula la fuerza vital para vivir, y pueden ser bloqueados por estrés, toxinas, desequilibrios emocionales o impactos de ciertas vivencias que en su momento no pudimos procesar. Cuando no perdonamos, no aceptamos o no nos liberamos, se forman los *samskaras*, esos bloqueos que impiden el flujo adecuado de los *nadis*, generando malestar y desequilibrio en el organismo. Se considera que estos bloqueos pueden ser causados por una enfermedad, un accidente, la muerte de un ser cercano o por un impacto emocional que nos mantiene en sufrimiento, y se convierten en patrones engranados en nosotros que nos entorpecen y constriñen. Para que nos liberemos de esas restricciones interiores y para que entendamos una manera de vivir legítima en la cual, se aligeran las cargas, debemos aprender de los grandes sabios que han conquistado el gran *arte de vivir*. Ahí radica el valor que le otorgamos a la autobservación y a la disciplina de adquirir nuevos comportamientos alineados con Sattva o la Verdad, para vivir en congruencia de lo que deseamos crear de determinada situación, con el fin de trascender lo vivido y romper patrones indeseables.

Más allá de lo aparente que vemos con los ojos físicos, que nos dan una suma constante de evidencias para justificar nuestro sufrimiento, hoy te invito a acceder a esa dimensión en ti que no reacciona mecánicamente a lo que sucede o sucedió en tu vida. Es un espacio que no se asocia con tus cinco sentidos, sino que se habita desde la rendición. Se accede a través de la contemplación, la meditación, la oración, el silencio y la voluntad de querer vivir los sucesos más allá de lo que dicta la mente domesticada, la cultura, la familia, los amigos o el entorno.

Mirar más allá de las creencias es el elemento clave para una evolución espiritual, es tener la voluntad de erradicar creencias poco funcionales. Si lo reconoces, verás que los grandes conflictos humanos surgen al tratar de proteger algún sistema de creencias.

Es imprescindible saber que una imposición separa y sustituye al amor por el ego, crea desunión y esta duele porque lo natural es amar, perdonar, neutralizar y poner límites si es necesario, pero desde la paz, no defender algo que nace del miedo y no de lo humano.

Por todo esto es crucial comprender por qué los grandes maestros coinciden con las palabras dichas por Jesús: "La Verdad os hará libres".

Vivir alineados con la Verdad o Sattva es la puerta que nos permite trascender el miedo que nos invade a tantos, acompañado de ansiedad y preocupaciones constantes que no nos benefician en lo absoluto.

Hemos heredado una manera de vivir permeada de una cultura confusa, arraigada en el ego y en el miedo, que se ha introducido en lo más hondo de muchos de nosotros. Sabemos muy bien cómo vivir con la cabeza sumergida en torbellinos. La mayoría nos enfocamos en criticar, extender los problemas, enfatizar los resentimientos y las ofensas, viendo la carencia y la falta de manera constante. La conversación cultural nos ha hecho adictos a alimentarnos del miedo continuamente y a pocos nos enseñaron a dar valor a la paz.

El entorno vive abstraído en una conversación sostenida con el ego que, en este caso, se refiere a lo que creían los sabios griegos: un diálogo interior que nos separa del ser esencial. La conversación egoica es en principio impostora del ser real, ya que nos engaña para que creamos que somos un personaje pequeño, inundado de infinitas limitaciones. Sin embargo, es la representación de nuestro propio desamor; es el poder de nuestra mente que utilizamos en contra de nosotros; arraigados en el ego pretendemos ser sobresalientes cuando, en realidad, destruye y minimiza nuestra certeza y nuestros sueños personales.

El ego es un fragmento ilusorio de nuestra percepción que se apodera de nuestra verdadera realidad. Recrea en nosotros un reino paralelo en el que nos percibimos como diferentes, especiales, justificándonos y manteniendo al resto del mundo a la distancia.

Para hacerlo más claro plantéate lo siguiente: ¿vives estableciendo conversaciones basadas en el ego (miedo o modo de defensa) o surgen de la Verdad, apegadas a la Consciencia que representa la divinidad, la fuente o Dios, lo que a ti te haga sentido?

Te doy unos ejemplos: desde el miedo te defiendes, tomas las vivencias de manera personal, te victimizas, sufres, no sientes poder, te mantienes separado de una fuente mayor, te sientes inseguro y limitado. Tu conversación es cínica y vives enfocado en competir, en compararte, en ser envidioso o egoísta. Tus reacciones son repetitivas, inmaduras y extiendes lo dramático; por ello los resultados de la vida son caóticos y representativos del desorden interno que experimentas.

Desde la Verdad o la Consciencia no ves los actos de otros como ataque y por eso no tienes necesidad de vivir a la defensiva. Puedes ver los actos de los otros como un llamado al amor al que no logran conectar. Sabes que el otro actúa desde su nivel de conciencia y, aunque sea limitado, su comportamiento hace lo mejor que puede, por lo que es absurdo tomar sus actos de manera personal. No sufres, porque tu enfoque está en encontrar soluciones, en ser asertivo y poner límites.

Así, el drama se erradica de tu vida porque se sustituye por la curiosidad y desde esta respondes a la vida, y dejas de ser reactivo, lo que rompe dinámicas disfuncionales. Reconoces que el otro es un hermano con el que nos relacionamos desde la empatía y no desde juicios rígidos, y es por ello que se erradica cualquier postura que no sea la de bendecir su vida y desearle paz en su corazón. Los resultados de la vida son armoniosos, claros y una extensión al llamado interno.

Esto nos lleva a vivir con alta vibración, que se refiere a cuán cerca vives de la sabiduría, la iluminación, el Nirvana o la Consciencia, que son el resultado de la liberación de los anhelos del ego. Esta vibración representa la fusión con un estado de profunda conexión y comprensión que trasciende los apegos terrenales, lo que abre la posibilidad de experimentar lo que llaman *uno con el amor absoluto*.

La conciencia —sin ese— se refiere al estado en que cada individuo vive según su apego al egoísmo, o sea, qué tan permeado está de juicios sostenidos por el ego o el miedo y, por lo tanto, es sumamente reactivo a lo que sucede en el plano físico. Un estado de conciencia de baja vibración radica en vivir en emociones que tienden a la victimización y a la culpa. Se da cuando existimos confinados por el sistema de creencias del ego.

Te doy un ejemplo: si hoy vives un hecho que te provoca malestar es porque la historia que te cuentas de lo que pasó te vincula al hecho mismo.

Vamos a poner un caso drástico:

El hecho = mataron a alguien que amas.

¿Qué pensarías de esto?

Imagínalo…

Ahora reflexiona sobre lo que te dirías de este hecho y si te invaden emociones como las siguientes:

- **Culpa:** no puedo tener paz; por su culpa, mi poder lo tiene algo o alguien fuera de mí, condeno el comportamiento de otros. Vemos un valor en la culpa. Nos justificamos de manera constante y no nos hacemos responsables del perdón, lo observamos inaccesible.
- **Vergüenza:** vivimos con la creencia de que no somos suficientes y hay algo malo en nosotros o en otros.
- **Desidia:** siento depresión, parálisis, desmotivación, sarcasmo, en fin, que nada vale la pena.
- **Sufrimiento:** no tiene remedio. Todo lo que te dices te victimiza y no hay sentido de poder.
- **Temor:** no hay posibilidad de paz o amor.
- **Anhelo:** necesito que "esto" pase para sentirme en paz o experimentar amor. Es una premisa que te lleva al futuro o a la no aceptación. En el presente no te sientes pleno. Tu mirada está enfocada en un resultado que crees que te hará sentirte diferente.
- **Enojo:** lo que hice o lo que hiciste estuvo mal. Tienes creencias rígidas. Te sientes desahuciado.
- **Exigencia:** alguien debe hacer algo para que yo esté bien. No aceptas, quieres cambiar a otros o el presente, te peleas con el pasado o el futuro. Te quejas y crees que tu poder lo tiene algo externo a ti. También vives fuera de la rendición al presente, alejado de ti, juzgando el pasado de otros, insatisfecho y demandas que otros cambien o que las cosas sean diferentes desde la amargura y el sufrimiento.

Todas estas emociones nos atan a historias que nos ponen en baja vibración.

Si te identificas con alguna emoción de las anteriores, te invito a cuestionarte lo siguiente: ¿de qué eres capaz?, ¿cuáles son tus verdaderas posibilidades fuera de lo que crees y piensas de determinada situación?

Al vivir situaciones de dolor, es común apegarlas al ego y esto crea un campo de energía que se apodera, sin que lo reconozcamos, de nuestra realidad espiritual; en la filosofía zen lo llaman el *no ser, que permite la liberación mental del plano exterior.*

El motor del ego son el temor y la culpa. Su reino son el cuerpo y el plano físico o material; dependiendo de las identidades falsas que creemos ser, fabricamos un personaje al que lo exterior de alguna manera lo rige. Muchos no nos reconocemos como seres sostenidos por la consciencia y esto hace que sintamos una gran fragilidad porque solo creemos ser este cuerpo, y la enfermedad y la muerte se vuelven grandes amenazas que nos siguen como una gran sombra; sobrevivir se convierte en un miedo constante. En efecto, cuando el cuerpo muere el ego desaparece, por esto se le teme a la muerte y al deterioro; domina un sentido de supervivencia alterado ya que la vida misma es una amenaza porque tarde o temprano todos debemos relacionarnos con la muerte y la enfermedad, que desde otra mirada pueden vivirse a partir del amor. Ya que la consciencia en sí, la que da vida al cuerpo, no muere.

Gran liberación surge cuando conservamos la mente serena, cuando cada día se vive en integridad, cuando somos honestos y nos entregamos a vivir con el corazón abierto. Al sembrar una vida así, apreciamos la muerte como el reconocimiento de la entrega de un cuerpo que ha concluido con las tareas de esta existencia, y esto se comprende si se vive en paz, como cuando uno se rinde a dormir con el cansancio de un día bien vivido.

Ahora te invito a explorar en qué situaciones o con qué personas no has hecho las paces… ¿En qué áreas de tu vida experimentas emociones de baja vibración?

Y te tengo una buena noticia: para encontrarte con la paz y habitar la Consciencia no debes sumar nada, sino eliminar algo.

Una evolución espiritual es el encuentro con el amor y, para ello, debemos soltar toda resistencia a entregarnos a él. Estas resistencias son historias, resentimientos, interpretaciones, recuerdos, pensamientos o creencias. La resistencia siempre habla de estar atados al ego, y la entrega o el abandono de lo creído se relaciona con el crecimiento y la evolución. Por lo que ahora te pregunto: ¿qué debes soltar, dejar de creer, replantearte o liberar para permitir el encuentro con la Consciencia?

Capítulo 2

Ego vs. Consciencia

Lo que hemos experimentado como humanidad desde hace ya muchos años es que nuestros pensamientos, convicciones y estado emocional fueron poco a poco implementando un sistema de creencias inherente a cada uno, según su influencia cultural, familiar y social. Se habla de esto en las enseñanzas de la filosofía advaita vedanta. Llamaron al ego *ahamkara* (en sánscrito) y lo describen como la identificación con la mente y el cuerpo, que crea una sensación de separación y dualidad. Según esta tradición, el ego es una construcción ilusoria que nos impide experimentar nuestra verdadera naturaleza, que es la consciencia pura y no dual.

Las características del ego en advaita vedanta son:

- Identificación con la mente: el ego se correlaciona con los pensamientos, creencias y patrones de comportamiento condicionados, lo que crea una sensación del "yo" y lo "mío".
- Separación y dualidad: el ego crea una sensación de separación entre el "yo" y el "otro", lo que lleva a la experiencia de la dualidad y la fragmentación.
- Ignorancia de la verdadera naturaleza: el ego nos impide experimentar nuestra verdadera naturaleza, que es la consciencia pura y no dual.

Trascender el ego para la filosofía advaita vedanta consiste en:

- Autoindagación (*atma-vichara*): es un proceso de cuestionamiento y reflexión que ayuda a descubrir la verdadera naturaleza del yo.
- Conciencia de la consciencia (*chit-chaitanya*): es la capacidad de observar la mente y los pensamientos sin identificarse con ellos.
- Realización de la no dualidad (*advaita*): es la experiencia directa de la consciencia pura y no dual, que es la verdadera naturaleza del yo como parte de un todo.

El impacto de vivir anclados en el ego tiene un efecto en el cuerpo biológico, como se ha comprobado a través de la biología cognitiva que estudia cómo tu cuerpo responde a tu percepción y a las vivencias y las secuelas que esto tiene incluso a nivel celular. Esta ciencia nos explica que cada célula de nuestro cuerpo responde y se altera según el lenguaje que habitamos, ya que este crea un campo de energía que nos construye o nos destruye.

Comprender esto es fundamental: desde la antigüedad el ego se ha entendido como un sistema de creencias que parte del miedo, que percibe carencias en lugar de serenidad y generosidad; que permea en nuestra manera de interpretar y, por lo tanto, de vivir, sentir y finalmente de ser.

Es una falsa identidad de quienes somos realmente, nos aleja de la unión con nosotros mismos y con los demás, de nuestro verdadero poder innato, ya que cuando el miedo gobierna el diálogo interno define, interpreta y juzga, de manera que comienza a dominarnos de manera inconsciente.

> El ego proyecta un mundo de ilusiones para que
> sigamos buscando fuera de nosotros el alivio y la
> paz que solo encontramos dentro de nuestro ser.
> Dentro del mundo físico, crea ídolos falsos que
> pretendemos que nos den el bálsamo de
> serenidad con el cual aparentemente no logramos
> conectar… ya sea que se trate de gurús,
> tecnología, objetos, relaciones especiales, cierta
> imagen o éxito.

La cultura nos impulsa a tomar recursos exteriores o buscar respuestas fuera de nosotros, a partir de la idea de que no somos seres completos, de la creencia de que somos insuficientes tal y como somos. Yo, por ejemplo, durante años viví con la creencia de que había algo malo conmigo. Me culpaba y vivía largos periodos de depresión porque mi diálogo interno era sumamente desgastante, me alejaba de mi bienestar. Al no tener claridad, caí en la trampa de las búsquedas y le di mi poder a situaciones, parejas o ciertos logros que creía que me iban a hacer sentir completa, suficiente y finalmente en paz…

> Hoy sé que la paz está siempre presente en mí.
> ¿Cómo voy a encontrar la paz en algo que está en
> el exterior? Si fuera así, no podría vivir en un
> estado de paz constante.

Cuando vivimos adormecidos por el ego, seguimos con problemas, decepciones y expectativas, y esta es la manera de asegurar su supervivencia, cuando la paz siempre ha estado ahí pacientemente esperando a que la recibamos. Si no reconocemos esto caemos en la trampa del ego que es: "busca y busca en el mundo de las ilusiones". Por ende, participamos en el juego de dolor y placer, representado por el acecho de satisfactores del ego (éxitos terrenales) y huimos del dolor. Esto crea en la vida un constante desequilibrio interior.

Vivir reactivos emocionalmente —ya sea felicidad por alguna razón o sufrimiento por una circunstancia— nos siembra confusión y el exterior dicta nuestra respuesta emocional, cuando en el fondo lo que deseamos en todo momento es amar y sentirnos amados, sobre todo por nosotros mismos. Nos relacionamos con el exterior con el significado que nuestros paradigmas le dan a lo que vemos y muchos de ellos —si lo pensamos detenidamente— están basados en el ego, miedo y limitación.

> El ego nos hace creer que tener opiniones definidas nos da una identidad, cuando lo que logra es alejarnos de la consciencia —que está presente para nosotros en cada momento— pero estas posturas nos vuelven inflexibles.

Te has fijado cómo hay personas que se cargan de conocimientos intelectuales, críticas y puntos de vista hasta el punto en que todo esto que creen saber los acartona, porque dependen de sus opiniones y posturas para tener una identidad o una superioridad moral o intelectual, cuando en realidad es el ego en acción.

> El sabio todos los días suelta algo con el fin de volverse más sereno.

Pregúntate: ¿en qué situaciones o con qué personas tus opiniones o posturas te hacen poco flexible? ¿Cuándo usas tus juicios o puntos de vista para querer dominar a otros o sentirte superior de alguna manera?

Albert Einstein decía que el amor y el conocimiento son lo mismo. Cuando decides comprender algo nuevo de una situación, en lugar de imponer tus opiniones, entras al territorio del amor y este brinda nuevos senderos y conocimiento de lo presente.

Lo efectivo a preguntarnos es:

- ¿Desde qué creencias reacciono a lo que vivo y para qué?
- ¿Mi perspectiva genera los resultados que deseo en mi interior?
- ¿Esta manera de relacionarme con la vida y conmigo me lleva a ser quien soy realmente y conquistar mi paz?

Vivir en consciencia

Es importante comprender en este punto que lo único real es la consciencia, o sea, el amor, la paz, la serenidad y el perdón, que viven de manera permanente en nosotros; no hay manera de perderlos o que se vuelvan inexistentes. Por ello nos referimos a estos estados de conciencia como la Verdad, sin opuestos, permanentes y siempre presentes. Lo que nos hace vivir apegados a la consciencia o Verdad es una vinculación con estos estados de integridad.

El ego es falso, ya que es impermanente, depende de un punto de vista y un tipo de percepción ilusoria. Vivimos por default alineados a la consciencia o al amor que nos otorgan la paz, la serenidad y el perdón si los reconocemos como recursos sólidos siempre presentes.

Habitamos el mundo del ego o falsedad cuando olvidamos nuestra conexión innata con la consciencia y tratamos de resolver la vida desde la mente analítica y no desde la Verdad, que siempre tiene las respuestas para nosotros.

Nuestro nivel de conciencia personal está íntimamente relacionado con nuestra visión del mundo, ya que esta puede llevarnos a la Verdad o al ego. Cada historia que creemos sostiene las emociones que habitamos, o sea, implantamos un tono emocional en nosotros según los relatos que nos repetimos. El reto es aprender a vivir con tus emociones sin necesariamente identificarte con ellas; por ejemplo, si tu cuerpo experimenta angustia, ahí está, no pasa nada, no hay que encontrar una razón, es la realidad presente y podemos estar en calma y recibir esta sensación. Vivirla sin discutir o encontrar un porqué racional evita que la proyectemos en el exterior, o que nos culpemos por sentirnos de determinada manera.

Por años yo no sabía qué hacer con mis emociones y las depositaba en algo exterior, pensando que así me iba a deshacer de ellas, y entonces comenzaba a ver a mi pareja, o al dinero, o al trabajo empañados por la angustia, la culpa, o lo que estuviera sintiendo. Mis sentimientos acababan por atacar algo en el exterior y esto creaba un gran conflicto, tanto interno como externo.

Poco a poco aprendí a solo recibir las emociones y regresar al aquí y al ahora, en aceptación de cómo me sentía en determinado momento, no en cómo creía que *debería* de estar o cómo debería de sentirme, sin crear juicios de culpa y ataque. Comprendí que la manera de gestionar las emociones es permitir que existan y no culpando a algo o a alguien por ellas. Esto te ayuda a ser sincero contigo. Es honrar lo que sientes y apreciarlo con un mayor entendimiento.

Lo efectivo es utilizar las emociones como un canal de autoconocimiento. Huimos de nosotros mismos porque no sabemos qué hacer con lo que sentimos por tanto enredo en nuestro interior. Así, cuando nos desconectamos de nuestro interior, del conocimiento de nuestra propia identidad, nos es casi imposible incorporarnos a la humanidad que somos, porque nos desconocemos. No permitimos que haya un diálogo dentro de nosotros que se conecte con la guía más profunda que está ahí para nosotros, que también es emocional.

Si tu diálogo interno está gobernado por
el ego y es duro contigo, te resulta
deprimente y te deteriora constantemente,
con toda certeza te sentirás incómodo al estar
contigo mismo.

Es momento de darte cuenta de que mucho de lo que te deprime es el tono emocional que has reforzado al creer en todo lo que esta voz opresora opina; porque al creer en todo lo que pensamos, se provocan sensaciones que se convierten en nuestra aparente "realidad". Por ejemplo: cuando alguien está sufriendo y sintiendo emociones fuertes y te está contando su historia, es difícil que comprenda que gran parte de lo que lo hace sufrir es la manera en que percibe lo que vive, o el punto de vista inamovible que tiene sobre una vivencia. Para el cerebro, lo que decides creer está relacionado con la emoción correspondiente. Y una vez que sientes algo lo vives como la *realidad*.

Por ejemplo, en una sesión del proceso MMK es común que llegue la persona con una alteración emocional; y si le pregunto: ¿qué es lo que te tiene así…?, lo lógico es que me cuente su historia, su interpretación de lo que la tiene ahora perturbada.

Un ejemplo puede ser:

"Estoy devastada por la pérdida de mi madre".

Volvemos aquí al hecho que es:

La madre murió.

Interpretación del hecho:

Estoy devastada por la pérdida.

Ojo con esta oración, para empezar comienza con una declaración: "Estoy devastada".

Recuerda que cuando declaramos algo, salimos a la vida a confirmarlo; si declaras que estás devastado, así lo vas a vivir. Ese poder tiene tu palabra y te condiciona si no eres consciente de las implicaciones del lenguaje. Y en el ejemplo, la persona sustituye la palabra *muerte* por *pérdida*. Esto hace que el hecho tenga una implicación emocional. Si neutralizamos el hecho, es decir, si omitimos la interpretación y las palabras elegidas, que en este caso corresponden al ego, podemos comenzar el camino a la paz…

El hecho es que la mamá murió. Esto efectivamente nos puede causar dolor, pero lo podemos vivir desde la paz si soltamos el lenguaje limitante. La diferencia entre dolor y sufrimiento es que el dolor es legítimo, y el sufrimiento es creado por la interpretación del ego ante una cierta situación.

Entonces podría plantearle: tu dolor es legítimo, pero ¿reconoces que tu sufrimiento es producto del significado que le has dado a la *vivencia* y que la emoción que te tiene *devastado* es producto del significado que le otorgas a esta experiencia?

La manera constante de interpretar los eventos y las palabras que elegimos crean en gran medida el estado emocional en el que vivimos. El sufrimiento limitante en este caso es la historia que nos ata al ego, lo que nos victimiza y minimiza nuestra perspectiva frente a lo que se vive. Y si no se reconoce esto, se convierte en algo que reforzamos hasta el punto en que creemos que es parte intrínseca de nuestra personalidad y nuestras posibilidades.

Si nos atrevemos a soltar los significados limitantes que hemos asociado con los hechos del pasado, podemos hacernos una gran pregunta: ¿puedo alinearme con la consciencia frente a esta situación, al amor, la paz, la aceptación o el perdón? ¿Quién sería entonces y cómo actuaría?

Cuando estoy en enredos del ego, mi respuesta es la alineación con la PAZ, esta me brinda conocimiento, sabiduría y claridad.

Por ejemplo, si en algún momento siento enojo o frustración, antes que nada, acepto la emoción para no entrar en guerras internas, y después considero si puedo usar lo que siento como un mensajero de algo que puedo ver en mí, ya sea porque no he sido clara, no he puesto límites o no estoy en completa integridad conmigo.

Una vez que me hago consciente de esto, y si le puedo dar un sentido útil, uso estas emociones para recalcular mi ruta, y reposo en la paz que siempre está ahí para mí. Esta me da información, me sostiene cuando la confusión me invade, por lo que permito que la paz bañe mi mente y me marque el sendero a seguir, para abordar la vivencia. Tal vez la respuesta no viene de inmediato, pero ahora sé, en este punto de mi vida, que la paz me enseña tarde o temprano la salida a las encrucijadas que crea mi ego. Tener la certeza de esto me invita a cultivar la paciencia de vivir el día a día, sabiendo que, cuando menos lo espero, la paz me contesta; con el tiempo me queda claro cómo responder ante algo y cómo vivir en integridad frente a los retos que se presentan en la vida.

Entender esto abre la posibilidad de indagar y utilizar las emociones como algo pasajero y no como estados limitantes o permanentes. Es decir, cuando siento miedo, incomodidad, ansiedad, etcétera, por apegarme a una narrativa sin salida, seguramente estoy en el territorio ilusorio del ego; me he colocado como víctima de algo o alguien y es momento de replantear. En vez de reaccionar y darle valor a las emociones para desintegrarme o deprimirme, ahora lo vivo como un momento para detenerme y comprender que esto me invita a observar: ¿qué significado le doy a lo que creo ver y experimentar? ¿Justifico mis reacciones por mi estado emocional alterado?

Para trascender un estado de conciencia limitado y llegar a uno de mayor expansión, es eficiente reemplazar la identidad del "yo" limitado, que creíamos ser, por la paz o el amor. Esto con el fin de hacer posible la libertad mental.

La invitación a vivir en armonía y en aceptación es algo radical para acceder verdaderamente a la vida. Es comenzar a vivir en el olvido de quienes hemos creído ser desde el ego, para que lo real de nosotros tenga oportunidad de renacer.

Cuando lo decidimos, damos lugar a que exista una sensación ilimitada, y todo se transforma. Se revela una belleza y un orden interno que se fusionan con el amor y la inocencia por el milagro de simplemente vivir, así, todo toma nuevos matices. En otras palabras, revivimos. Vemos en otros a nuestros hermanos y su inocencia interior se revela. Toda la naturaleza se manifiesta como una forma artística, todo objeto y estructura se perciben fuera de la carencia. El mundo se vive como un todo completo en el que los claros/oscuros no nos asustan. Ahora nos asombra la oportunidad de ser espectadores de esto que llamamos vida.

Esto implica que el mundo que vemos *es* como un lienzo en blanco. Al observarlo le proyectamos nuestros prejuicios, miedos, ideas, conceptos y la manera personal en la que vemos el mundo.

Vemos fuera lo que nos decimos dentro
y le imponemos al exterior nuestra percepción;
después pensamos que esto está separado de
nosotros "allá afuera", cuando habla de nosotros
mismos.

En muchas ocasiones nos volvemos víctimas de lo que percibimos, creyendo que el exterior tiene más poder que nuestro interior, cuando somos nosotros quienes hemos desplazado el poder personal al exterior. Muchos olvidamos nuestra soberanía.

Percepción vs. visión

El sabio a lo largo de su existencia trasciende el ego, deja atrás la percepción preconcebida y los prejuicios mundanos.

En la antigüedad se hablaba del concepto *maya*, que significa ilusión. Los sabios determinaban que el hombre que despertaba a su consciencia reconocía su percepción como un espejismo o ensueño.

Esto implicaba el desapego a creer que somos nuestro entorno, nuestro cuerpo, nuestros pensamientos, nuestros deseos, nuestros logros y así sucesivamente. Pero ellos reconocían que esto era ilusorio, le llamaban el *gran sueño*.

Todo en el mundo de la percepción o *maya* parece indicar que hay un "yo y un mundo", pero esto es una utopía desde la mirada de la consciencia.

Se trata de entender que estamos en semejanza con todo lo exterior a partir de nosotros mismos, y que muchas veces nos condicionamos y limitamos por las ilusiones al no reconocer que la experiencia humana sucede en nuestra mente y que existe en correlación con el exterior que observamos.

El maestro o sabio que despierta del gran sueño del ego, o *maya*, sustituye la percepción por la *visión*. Esta representa una mirada directa de la consciencia en nosotros mismos frente al mundo. Esto permite que se desvanezca el ego y nos conectemos con la Consciencia universal, como parte y unión del todo. Al residir en esta conexión arropamos nuestro verdadero poder.

Si indagamos en nuestro interior hacemos consciente lo inconsciente, evaporamos y transformamos la programación adquirida, y con ello pierde fuerza el ego implantado en nuestra conversación interior.

En realidad, nuestra consciencia (la esencia real de cada uno) es una extensión de esta inteligencia universal y los asuntos del mundo son acuerdos que hemos hecho con otros sobre cómo organizarnos; muchos nacimos y heredamos estos convenios sin cuestionarlos.

> Es imperativo establecer que somos parte intrínseca de la inteligencia suprema que subyace en el universo.

La personalidad con la que nos relacionamos con el mundo, la que creemos ser, el personaje que pensamos que somos por roles y etiquetas está más bien sostenida en la percepción psicológica o *maya*.

En la antigüedad, cuando el ser humano vivía más libre de prejuicios y estaba conectado con la sabiduría interior y universal, se hablaba de *advaita*, una rama no dualista del hinduismo que afirma la unidad entre la consciencia y el ser. Los grandes sabios a lo largo de la historia nos han enseñado, a los que deseamos vivir enamorados de la vida, a despertar del sueño de la dualidad y nos recuerdan que el poder de Uno es el de todos.

Nosotros mismos hemos creado la separación, pero ya no lo recordamos. Muchos vivimos dormidos, entregados al sueño, identificados completamente con nuestra personalidad y el mundo material. Esta identificación se hace engañosa porque a muchos nos criaron con la creencia de *ver para creer*, que supone entender el mundo a través de los cinco sentidos. Desde esta postura, llamamos "la realidad" a lo que vemos, tocamos, sentimos, olemos, escuchamos o saboreamos.

Llamamos real a lo aparentemente concreto, nos rige la razón. El dilema cuando vivimos en esta limitación es que dejamos fuera la consciencia y el mundo cuántico, que es en verdad lo que genera la realidad…

En el espacio del *quantum*, la premisa es *ser para ver*. Cuando llegamos a este punto de autoconocimiento, sabemos que lo que *somos* lo manifestamos y lo vemos plasmado en el plano físico. Hoy en día en muchas culturas, los niños desde muy pequeños compiten por crearse una identidad separada, "especial". Quieren agradar a sus padres, sus profesores, sus amigos. La necesidad de atención y de construir un "yo" se vuelve prevalente para el ego, pues existe por medio de estas identificaciones y continuamos a lo largo de la vida añadiendo capas a lo que pensamos ser, hasta que nos perdemos en ellas.

Según el doctor David Hawkins, cuando vivimos completamente identificados con el mundo del sueño, jugando roles, solo somos cinco por ciento conscientes, ya que el otro noventa y cinco de nuestra capacidad de vivir en presencia se pierde en la atención que ponemos en reafirmar nuestras creencias y prejuicios.

La separación no es un concepto más, sino una manera de experimentar el vivir. Cuando estamos gobernados por los juicios o las creencias, nos vemos a nosotros mismos como un personaje separado de otros y de las situaciones, a esto se le llama dualidad. La mente percibe una realidad dividida en contrastes y el ser humano participa en un mundo con el que cree no tener relación directa.

En la no dualidad o advaita sustituimos esta idea de la separación por reconocer que el universo vive en nuestra mente y todo está unido a la Mente Mayor, Verdad o Consciencia. Aquello que pretendemos percibir es ilusorio y si nos causa sufrimiento es cuestionable y puede transformarse.

En el territorio de la consciencia, el dolor es natural, parte del vivir en ocasiones y podemos acompañarlo con paz y amor, para así arropar un bienestar que permite que el dolor mismo trabaje dentro de nosotros. Nada está en sí separado de nosotros porque existimos en relación con todo, ya sea a través de nuestros pensamientos, percepción, visión o proyección. Todo vive y tiene un significado que es generado en todo momento por tu experiencia interna. La vida sucede en tu mente y emociones; y para conquistar esto, es importante vaciar lo innecesario y mantenernos presentes con el fin de crear espacio para lo novedoso que se presenta para nosotros. Esto requiere incluir en nuestro día a día prácticas o momentos de quietud, de silencio.

Ahora pregúntate: ¿a qué te resistes? ¿Por qué el miedo de no recibir la vida como se presenta es el mayor obstáculo para abrirte a tu liberación?

Sin darnos cuenta, hemos creado tantos mecanismos de defensa que vivimos acartonados, invadidos por miedos ilusorios. Nos defendemos incluso de nosotros mismos, de vivir, de amar, de conectar, de la enfermedad, del fracaso y, finalmente, de morir, cuando todo esto es el llamado a *vivir*.

Practiquemos identificar las capas que nos paralizan… En este momento respira profundo y observa cómo en este preciso instante estás bien, más allá de lo que piensas o crees. Reconócelo.

Hoy, comencemos un recorrido de enseñanzas y reflexiones poderosas que he coleccionado para ti, con el fin de emprender la vereda hacia la Verdad Universal, eterna, permanente, generosa y unida al todo, que siempre nos acompaña…

¿Alguna vez te has preguntado qué pasaría si te recibieras a ti y a tu vida sin resistencia, reclamos, historias o un pasado que cargas en los hombros? ¿Si fueras completamente libre…? Probablemente te bañarías de amor, compasión y entendimiento.

Si esto te parece insólito, absurdo, irreal, peligroso, vulnerable o una pérdida de tiempo, esto es algo común, porque este es el paradigma del ego, muestra infinitas resistencias a que nos entreguemos a la libertad y el poder real que tenemos, con el fin de vivir a su merced.

Lo único que se te pide ahora es reconocer que exactamente en donde estás en este momento, tal y donde te encuentras, es el lugar ideal para emprender un primer paso. Al respirar, date cuenta de cuánto poder hay si tu propósito, más allá de tus circunstancias, es simplemente liberarte. La buena noticia es que el pasado y el futuro están fuera de la respiración de este momento presente.

Si el ahora te reprime, presta atención a lo que piensas, y usa el presente como un portal de entrega a una energía mayor, suelta todo aquello que no comprendes o con lo que peleas. Cuando abrimos el candado de la no aceptación, que vive en nuestros pensamientos, soltamos, tocamos en el interior un estado de conciencia en el que te vives a ti mismo como un ser celularmente equilibrado y sereno.

Quien no reconoce que la gran mayoría de la gente está gobernada por la confusión de pensamientos no funcionales —pues recibe alrededor de sesenta mil por día (¡casi uno por segundo, un caos!), noventa y cinco por ciento de los cuales son los mismos día a día—, no da valor a estas enseñanzas. Por eso es imperativo comprender que los pensamientos son como una grabadora que se repite sin parar, y lo más inquietante es que las estadísticas muestran que ochenta por ciento de estos pensamientos irrumpen nuestro bienestar, lo cual implica que cuarenta y cinco mil de ellos nos perjudican.

La gran mayoría de las personas vive atada a lo que piensa, y es un reto cuestionar y dejar de reaccionar a todo lo que dicta la mente. Mis estudiantes continuamente me preguntan: ¿cuál es el primer paso para vivir en paz, para soltar? Y la respuesta siempre es la misma: lo que se requiere es tener la voluntad y desde ahí volver a la respiración, al aquí y el ahora. En donde, fuera de los pensamientos, reconocemos que solo está un amanecer más, la calma interna y un silencio interior maravilloso y regenerativo, con el que podemos vivir o trascender un reto, si lo permitimos.

El Buda enseñaba una manera de vivir basada en la premisa de la imperturbabilidad profunda: alejada de los apegos a complacencias del exterior, o de lo que hacemos o vivimos. Quizá ahora estás cuidando a una persona enferma, o con la responsabilidad de algo que sientes que te rebasa, o tal vez estás desempeñando una labor que no es de tu entera satisfacción. Por un momento te propongo incluir aquello de lo que se trata tu vida en una práctica de enseñanza de integración. Me refiero a dejar de etiquetar las vivencias con deseo o rechazo, para encontrar un centro de equilibrio en ti. El llamado a la vida es la unión en este momento de mente y corazón. En este libro no se pretende conseguir algo. Quiero plantearte que la paz no se obtiene: ya vive en ti. La finalidad de integrarte no es obtener algo que has perdido, sino aceptar la invitación a mostrarte honrando el presente para que brote naturalmente la paz que ya radica en ti. En estas reflexiones nos sostendremos para darle la bienvenida a todo lo que es tu vida ahora. Integrarte es encontrar la ruta para amar lo que sucede en esta experiencia humana, y esto es sumamente poderoso. Al integrar y aceptar lo vivido tomamos las riendas de nuestra soberanía interna para transformarnos desde una postura clara y con una visión de cómo deseamos vivirnos y sobre todo sentirnos. La aceptación y la confianza son los ingredientes que crean milagros, no el esfuerzo ni la resistencia.

Cuando cargas una canasta interior con solo lo que quieres ver o anhelas que suceda en un futuro, como si te faltara algo, o únicamente con lo que aceptas y deseas de ti y de otros o del pasado, todo lo que rechazas queda fuera y te persigue como una sombra que debe ser recibida, trabajada y transmutada. Porque nuestra vida es lo interior, lo vivido y lo que nos rodea. Lo importante es incluir en la canasta imaginaria que cargamos TODA nuestra humanidad, con el fin de que la integridad del todo nos libere y poder abrazarla como un momento sagrado. Esto es trascendental porque nos permite estar en el presente y en presencia.

Capítulo 3

Conocer la Verdad

Ahora que hemos visto cómo opera el ego y la ilusión de la separación, podemos adentrarnos en la naturaleza última de la realidad, que el ego distorsiona de manera constante. En este punto del libro es importante comprender que la experiencia del todo sucede a través de tu mente, que tú eres la última realidad, la última verdad y que el universo completo vive en ti.

Cuando estamos apegados a la experiencia humana, al mundo, completamente inmersos en él, la mente quiere creer que conoce su profundidad y su solidez. Hace distinciones y diferencias de las experiencias visuales y las sensaciones, como si lo que experimenta día a día existiera independiente de nosotros mismos.

Como aprendimos al inicio del libro, la mente crea para sí misma el ego, aceptando la ilusión de la separación de uno con otras formas, objetos y personas. Todo un mundo personal es concebido en este sueño o *maya*. Y todo esto existe como una colección de palabras, como formas sensoriales y efímeros conceptos.

En realidad, solo existe el vacío o la nada, que igualmente podríamos nombrarlo como el todo, la unión del universo en unicidad, sin significados, como un espacio vacío que puede contener un todo que se produce dentro de él; en este espacio creamos el momento presente y la experiencia soñada.

Los seres humanos tendemos a apegarnos al mundo material por el deseo de cumplir experiencias sensoriales, pero cuando esto se basa mayormente en satisfacer el ego y no el amor más profundo, cuando la atención está depositada en lograr para validar, vivimos con miedo, con una falta de propósito genuina o ansiedad existencial. La creación y el mantenimiento del ego hacen que supongamos que las falsas identidades de los conceptos que creemos ser, es decir, nuestros roles, y lo que pensamos que es el mundo son la última realidad.

Cuanto más te afianzas al mundo físico, más real lo haces en tu mente. Reconoce que tú eres el creador de tu mundo personal que se manifiesta a través de la causa que eres tú y el efecto es tu respuesta. Tú eliges vivir de tus creencias o tus intenciones más puras.

Al sostenernos apegados al mundo material nos olvidamos de su pasajera ilusión. Esto quiere decir que ilusoriamente nos identificamos con el ego como si fuera el verdadero ser. En este estado egotista están atorados casi todos los seres humanos que no han despertado. Por ello siguen reaccionando ante pérdidas y ganancias, éxitos y fracasos, vanidades y orgullos que creen reales y lo de mayor importancia.

Si observas a las personas en la calle o en las redes sociales, verás que vivimos apegados al mundo material y lo sentimos completamente real por estar adheridos a valores como estatus, medios de comunicación, noticias, estándares sociales y conceptos. La mente egotista discutirá que el mundo que experimenta es concreto y permanente, lo cual es lógico porque el ego depende de una sensación de estabilidad, permanencia y rigidez que hace reales sus ilusiones, y la conversación de la cultura refuerza esta óptica.

Las personas apegadas a sus pensamientos viven en una mente a la que le gusta analizar sus ilusiones o sus desilusiones; esto de alguna manera las hace sentir vivas porque creen que la intensidad de sus emociones les dan cierta vitalidad, cuando solo les dan ilusión a la existencia del ego.

La mente se disocia de la verdad como su estado natural de consciencia, que vive en unión con el todo, cuando se enfoca en los particulares, y al analizar de más sus juicios se separa aparentemente de lo que está afuera. Por ejemplo, tu cuerpo, tus creencias, tus deseos, tu sufrimiento, lo bueno, lo malo, lo bonito, lo feo, la sabiduría, la ignorancia, los apegos, las ilusiones no existen separados de ti. No tienen una existencia independiente, pero tampoco un significado inherente. Nada existe por sí solo, todo vive en conjunto con una consciencia, o una mente mayor de la que tú también eres parte.

Cuando vivimos apegados al mundo de la forma, al pasado, a conceptos o a puntos de vista rígidos, puedes dar paso al sufrimiento porque has olvidado tu verdadero ser, la Verdad, y estás atado a los caprichos del ego, unos que te invitan a querer mejorar tu vida, tu cuerpo, a ti mismo de manera constante para que vivas en la ilusión de la carencia, en la óptica de que siempre falta algo. Despierta para conocer la última Verdad y verás un mundo completo que eres tú.

Ahora, pregúntate ¿qué es para ti esta experiencia humana, en donde tienes puesta tu atención? Porque en donde ponemos nuestra atención, dirigimos nuestra consciencia. Si para ti lo real es lo que experimentas con tus cinco sentidos, tu atención está en el mundo de la forma, y si para ti lo real es quien eres frente a lo que vives, tu atención está en la consciencia…

Te dejo con esta reflexión…

Capítulo 4

La realidad

Con el fin de vivir alineados con el mundo de la Verdad y despertar a la última realidad, te invito a que hoy comiences por abrir en tu vida espacios de silencio. Haz de esto una práctica diaria…

Comienza con unos cinco minutos cada vez que te sientas abrumado. Por ahora la intención es más importante que el tiempo, es tener la valentía de estar contigo porque muchos de nosotros tememos parar, mirarnos por dentro. En los encuentros de silencio, nos comienza a sorprender que, después de un tiempo, lejos de incomodarnos, lo que nos aterra de nosotros mismos empieza a ser refrescante.

Al sentarse en silencio, los recorridos del miedo interior que nos intimidaban comienzan a derrumbarse; las ilusiones que nos acechaban por años y nos hacían huir en vez de estar no se sostienen en el silencio. Si practicas esto a lo largo de la lectura de este libro, reconocerás que al rendirte y al sentarte contigo ejercitas el arte de la aceptación de la vida, de ti y del momento presente. Cierra los ojos, siéntate cómodo, con la espalda recta y date unos minutos de quietud, silencio y conexión, un tiempo dedicado a respirar; esto es como tomar agua para el ser. Tu intención no debe ser calmar los pensamientos porque en realidad ellos vienen y van a su ritmo, inherentes a nosotros. Pero se serena nuestro apego a ellos y a su intensidad, y se acentúa la capacidad de observarlos simplemente como pensamientos, como una conversación separada de nuestra verdadera esencia, y este es el primer paso a la desidentificación del ego. Lo interesante de esta práctica es que aquello que nos duele o desagrada se convierte en una oportunidad para ir más profundo y tocar la voluntad de entregar las vivencias a la consciencia mayor y permitir que trabajemos internamente incluso lo más doloroso.

Suavizar el malestar y acogerlo puede parecer un gran reto, pero podemos virar la perspectiva para darle un uso virtuoso, utilizar las vivencias como parte de nuestro autoconocimiento. Es una forma de anular el veneno que dejan a su paso el resentimiento o la amargura. Al sentarnos sin hacer nada aparentemente, en realidad hacemos todo lo necesario para vivir despiertos, porque transformamos el esfuerzo, el rechazo o lo analítico por la entrega, lo que nos regala la conexión con la libertad interior en la que vive la creatividad, la intuición, la paz y el conocimiento innato.

Pensar en su justa medida es funcional, pero no cuando el pensamiento constantemente nos engaña. Cuanto más saturados estemos de historias, narrativas y miedos, esta práctica de vaciamiento o limpieza interior debe hacerse con más constancia. Al irnos conociendo, reconocemos que nunca fuimos ni seremos nuestras historias creadas por el ego, sino que cada relato que decidimos creer como la realidad simplemente nos aleja más de lo puro que reside en cada uno.

Te invito a realizar una pequeña meditación que te acercará a tu realidad pura y que podrás incluir a lo largo de los días. Siéntate cómodo, coloca tus manos en las rodillas, endereza la espalda y respira profundo. Inhala y exhala, y deja todo ir… En la próxima inhalación trae aire hacia ti profundamente y al exhalar cierra los ojos con suavidad. Inhala y exhala conscientemente. Experimenta unos minutos de silencio y paz, expande tu corazón, suaviza tu abdomen, respira profundamente… En cada inhalación extiende tu pecho y en la exhalación deja caer tu frente llevando tu cabeza hacia tu pecho, esto permite descansar la mente analítica inclinándola hacia el corazón, rindiéndole tributo. Déjate ir, suaviza tus manos, extiende tu columna vertebral y siente cómo la energía de tu pecho se abre para nutrir tu cuerpo.

Relaja la quijada, deja suavemente caer tus hombros. Exhala profundamente, calma el oído interno, suaviza las esquinas de tus ojos, suelta la lengua. Permite que el aire entre cada vez más profundo en tu ser. Al inhalar te llenas de nueva vitalidad y energía y al exhalar sueltas lo que hoy ya no necesitas cargar. Con cada inhalación te llenas de nueva luz y amor, y al exhalar tu cuerpo sabiamente reconoce lo que debe entrar en equilibrio.

Deja ir con suavidad…

Inhala profundamente y exhala suavemente… hasta que sientas una transformación en ti.

En cada respiro pon tu atención en cómo entra el aire por tu nariz y cómo lentamente sale; siente la temperatura del aire cuando entra por tu nariz y percibe cómo tu cuerpo vuelve cálido el aire y este sale sin ninguna dificultad. La respiración entra a un ritmo perfecto dejándote absorber por la profunda conexión de este momento.

El cuerpo, sembrado en su poder, se suaviza aún más, se derrite hacia la tierra, y a la vez te sientes ligero y transparente. Al elevar la columna vertebral hacia el cielo, con ligereza y facilidad el cuerpo entra en un ritmo perfecto. Tus órganos trabajan en armonía vital y sana. La salud se lleva a cabo sin esfuerzo, fácilmente…

Tu cuerpo se baña de energía y el bienestar es ahora natural. Se lleva a cabo espontáneamente…

Todo fluye, tu cuerpo se alimenta de su propia sabiduría. Entra en ciclos perfectos de salud mental, física y espiritual. Todo esto se conquista fácilmente. En la próxima inhalación visualiza una luz verde esmeralda que baña tu pecho de su magia, inunda tu corazón y tu cuerpo se siente sostenido. Al dejarte bañar por esta luz verde que ahora irradia todo tu ser, sientes cómo lo cubre de amor. El ser que eres ahora está resplandeciente de paz y de aceptación incondicional. Descansas en la serenidad que restaura el todo.

Te sientes firme sólido y a la vez luminoso y ligero, y esta conexión te permite ir más profundo…

Descansa tus músculos, suelta cargas innecesarias, deja ir y, en este dejarte ir, hay un encuentro con lo puro que hay en ti. Ahora, en el ojo de tu mente visualiza un lago maravilloso de agua dorada luminosa, un lago que baña tu ser de luz radiante y cálida, que te nutre, te ilumina.

Ahora estás sentado frente al lago que extiende su luz mágica, el sol te baña y te llena de su calor. Las nubes te cubren como un manto de tranquilidad, sientes paz al estar sentado, feliz, en descanso profundo.

Percibes la energía de los árboles que están alrededor de ti, te cubren con su sombra, te acogen con su sabiduría naturalmente. Te siembras en la tierra como un ser que sabe que pertenece a ella; ahora respira profundamente. Disuélvete, vuélvete parte de los árboles longevos, del agua luminosa. Eres ahora parte del canto del pájaro de la tierra que te sostiene, y te dejas ir sintiéndote parte de esta armonía perfecta, de la inteligencia admirable que te rodea y de la suavidad presente.

Te disuelves como parte de la naturaleza misma y recuerdas que eres parte de ella y que ella es parte de ti, todo fluye con perfecta naturalidad. En esta respiración te dejas ir aún más… descansa. No hay nada que hacer, nada que decir, solo ser parte de esta maravillosa experiencia. Al dejarte ir, al soltar, al ser la paz misma, llegas aún más dentro de ti, a ese lugar en el cual encuentras profunda imperturbabilidad. Esa que es un reflejo del agua que observas… agua serena, tibia y amorosa, que baña tu ser y lo envuelve.

Te sientes alerta, feliz, en paz, suave, en orden para vivir desde este lugar el siguiente paso de tu vida…

En la próxima exhalación, despacio, abre los ojos y reincorpórate lentamente habiendo recorrido este camino al interior de integración profunda, de conexión, en paz, fresco y lleno de energía.

Mantente en este lugar de tranquilidad y reconoce también que siempre puedes volver a él, que siempre está dentro de ti, accesible para ti en todo momento.

Tú eres el dueño de tu sueño

Te invito a permanecer en una constante sensación de serenidad, de disolución ante lo magnánimo. Cada vez que hagas esta meditación graba en cada célula de tu cuerpo la memoria de paz que tocas, para que así, en momentos de incomodidad, puedas cerrar por un momento los ojos y respirar profundo y ser parte intrínseca del lago de agua templada y los árboles longevos, y permitir que el canto del ave te lleve directamente a ese lugar sagrado dentro de ti que vives durante la meditación.

Abre una ruta dentro de ti que sabes con certeza que te conecta con un espacio que se convierte en un recurso que baña tu cuerpo en todo momento. En ese estado, la vocecita de tu mente que demanda: tengo que hacer, qué pasará si…, me preocupa, se rinde. Ese espacio silencioso y observador que permanece en ti es un atisbo de la verdadera realidad de la que hablamos. No es algo que *pienses*, es algo que *eres* cuando dejas de identificarte con tus pensamientos. Al vaciarte cada día de lo innecesario, sentirás un alivio; al separarte de lo que antes considerabas tus preciadas ideas, al abrir el espacio para dejar atrás los caprichos del mundo de la forma, comprendes a un nivel más profundo la liberación que esto representa.

Cuando experimentas la vida desde este espacio expansivo, reconoces que cada juicio arraigado da nacimiento al mundo limitante de la percepción, que siempre será ilusorio porque está sostenido por puntos de vista personales, en los que se anidan las plataformas del ego.

Desde la antigüedad se habla de que la vida es en realidad un sueño que nunca termina y nunca empieza; se entiende como una evolución de la eternidad. Para muchas de las enseñanzas ancestrales, la muerte es también una ilusión, y la experiencia de la vida consiste en establecer una relación con lo impermanente, como lo es la paz y el amor que se mantienen inamovibles. El ser humano debe comprender que la vida es en sí una experiencia mental, aunada a una experiencia espiritual, y que esto es la realidad.

Como he mencionado, con lo que nos relacionamos es relativo, ya que se manifiesta frente a nosotros como un espejismo o una ilusión óptica, nada se mantiene fijo, permanente o duradero. En todo momento se transforma, lo que hace que la idea del control sea irreal. Sostenernos en lo permanente, que es la consciencia dentro de nosotros, es el terreno fértil donde podemos cultivar la relación con las experiencias de la vida.

Si te suena imposible de comprender que tu existencia no depende de tu cuerpo ni de lo que crees de ella, te invito a que medites, a que contemples, a que camines por la naturaleza, a que pases días en silencio y en observación, porque lo anterior no se puede entender racionalmente. El ego peleará con estas ideas porque lo invitan a su disolución. El ego en verdad no existe, es solo una creencia, el paradigma basado en la falta de amor. Por lo tanto, no tratamos de erradicar el ego con sus interminables batallas, sino que ponemos nuestra atención en observar nuestra consciencia completa fuera de estas creencias de limitación y escasez.

Capítulo 5

El verdadero camino

Para la mayoría de los seres humanos que viven adormecidos por el mundo de la forma, completamente identificados con su ego, lo que se presenta en este libro sonará irreal, ilógico e incomprensible; pero para muchos otros será un bálsamo, porque se permitirán leerlo e hilarlo directamente a su consciencia. La respuesta a muchas de sus preguntas y el sentido más profundo de vivir será inconfundiblemente revelado, con un entendimiento superior; esto con el fin de trascender las vivencias humanas, muchas de ellas incomprensibles para la mente común, que incluso tienen una relación con la muerte misma.

La mente que duerme vive en modo defensa constante, no deja su estado de somnolencia, porque en realidad su miedo extremo es la falta de control.

Las personas vivimos con cierto desasosiego porque al estar centradas en un egocentrismo, creado por la ilusión del aislamiento y enfocados en el ímpetu de la supervivencia, damos la espalda al verdadero origen del que somos parte.

La mente crea desde su mundo ilusorio las cosas que existen y les otorga atributos, artificios mentales con los que nos relacionamos como si fueran la *realidad*.

La vida en sí no se asume, sino que brota de una inteligencia innata que armoniza todo en el universo. La vitalidad del mundo no existe a través de etiquetas y comparaciones, sino en la rendición ante las experiencias como elemento vital, con la mirada dirigida a lo majestoso de lo observado, fuera de las categorías y conceptos que terminan por eliminar lo soberano y el misterio que radica en la dimensión universal.

Al no abrirnos a una *visión* que nos integra al todo, surge la defensa ante la muerte, que es la madre de todos los miedos; hace que la mente dormida defienda su percepción, en la que se arraiga la creencia de que al no ver algo o a alguien cesa su existencia.

Si vivimos sostenidos en la idea que tenemos sobre la vida y la muerte, no comprendemos lo que la física cuántica plantea: que todo en el universo es energía. Cada ser humano y todo lo que aparentemente nos rodea solo son campos de energía que están unidos entre sí. Más allá de la vista humana, todo existe en una unión inmutable con el todo, el universo y, por lo tanto, todo en la Tierra es un campo unificado, interconectado. Esto explica la conexión intrínseca entre consciencia, mente, emoción y materia, que experimentamos como separados, pero que en realidad son uno y lo mismo. Al ser así, comprendemos que la energía no se erradica, solo se transforma dentro de esta unión prevaleciente; lo mismo sucede con cada uno de nosotros.

La muerte, desde esta perspectiva cuántica, no es el fin absoluto de la existencia, sino un cambio de estado o una transición a otra forma de presencia en el universo. Esto reconoce la interconexión entre todo lo existente en cualquier momento, y va en correlación con la teoría de la relatividad del tiempo de Albert Einstein, que revela que es una ilusión la distinción entre pasado, presente y futuro. En su teoría, el tiempo es relativo; lo que significa que él corroboró que pasado, presente y futuro existen simultáneamente en un continuo en el quantum universal. A la velocidad que ven nuestros ojos a través de la percepción mental, vivimos la experiencia como un "pasar" a través del tiempo, pero esto es simplemente una perspectiva subjetiva que tiene que ver con la condición humana.

Este planteamiento reconsidera el concepto de morir, porque indica que la disolución del cuerpo no es el final definitivo de la existencia como tradicionalmente se asume.

La muerte, que desde la percepción humana parece lo opuesto a la vida, es meramente un pensamiento o creencia establecida desde la percepción mental. Debemos comprender que la percepción, mediante la limitada concepción de la realidad, constantemente nos autoengaña con el fin de pretender saber, como una forma de control que le permite deducir lo incógnito de la existencia.

Al tomar una postura radical de lo que creemos acerca de algo, creamos una fuerza que se sostiene en conceptos antagónicos. Esto crea estados externos basados en ideologías por la falta de un mayor entendimiento, por no poder adaptarnos a un mundo que para muchos es incomprensible. Esto forma narrativas falsas mentales que nos impiden tener una relación más vasta con la realidad y nuestra verdadera experiencia en esta Tierra.

Reflexiona en lo siguiente: los acontecimientos que parecen haber tenido lugar no están en ninguna parte en el ahora. Ni tampoco existen en un futuro concebible en este momento, por lo que, cuando la mente despierta, reconoce que sencillamente continúa siendo libre en una constante que no se detiene, sin ninguna transición inherente.

En las enseñanzas zen no le temen a la muerte. Se entiende que existe en todo momento y se le otorga una invitación. Tienen presente que todo es muerte y vida en cualquier instante, por lo que las ven como parte intrínseca del estar.

La práctica zen es un recurso valioso para mantener la calma, aceptar las cosas como son, y así comprender la paradoja del aparente contraste entre vivir y morir…

Visto así, la muerte no es un suceso que llega. La muerte sucede aquí y ahora. En este instante no eres la misma persona que comenzó a leer estas líneas. Un sinfín de momentos, situaciones, escenarios y estados de ánimo han muerto, e incluso parte de tu cuerpo se ha transformado.

Vida/muerte es un concepto que no se separa. Es una sola cosa, indivisible. Dogen Zenji y Shobogenzo Shoji nos dicen: "Cuando en la vida/muerte hay consciencia despierta, no hay vida/muerte". También se ha dicho: "Cuando en la vida/muerte hay consciencia despierta, no hay extravío en la vida/muerte".

Estas expresiones son la esencia de la enseñanza de dos maestros zen, Jiashan y Dingshan. Se estudian como expresiones de aquellos que han alcanzado la soberanía al vivir.

Buscar al Buda (iluminación) fuera de la vida/muerte es como poner una separación entre el norte y el sur, cuando en realidad uno existe en función del otro. Al reforzar extremos extiendes los paradigmas de la separación; al no unir mentalmente, por ejemplo, los conceptos vida/muerte, nos alejamos de la liberación.

Hacernos amigos del hecho de que vida/muerte es solo un concepto más, nos da calma. El miedo auténticamente se extingue cuando lo comprendemos, porque sabemos que cada instante de esta existencia es una joya preciosa e irrepetible que en realidad no tiene cabida en conceptos ni ideas, sino en la rendición a su vivencia…

Un monje y la muerte

Un viejo monje estaba muriendo. Su maestro vino a visitarlo y le preguntó: "¿Quieres que te encamine?".

El monje le contestó: "Vine solo y me iré solo. No sé qué podrías hacer por mí".

El maestro le contestó: "Si tú realmente crees que vienes y vas, te has engañado a ti mismo. Yo te mostraré el camino en el que no hay idas ni venidas".

Las palabras del maestro revelaron el verdadero camino con tal claridad al monje que moría, que sonrió y dejó su cuerpo.

Gran parte de los seres humanos viven en búsquedas, tratan de llenar vacíos en persecución de anhelos que se transforman en decepciones, ansiedades y depresiones, que invitan a un sufrimiento incesante, y pocos saben solo estar, fuera de este vaivén.

La realidad es que en la vida todo pasa; la entrada y la salida de nuestros pensamientos es una constante. Si te das cuenta, todo es una persistente experiencia mental; por ejemplo, tus padres, tu pareja, tus hijos, tus objetos materiales son para ti lo que piensas de ellos, lo que sientes por ellos, lo que interpretas de ellos y su existencia depende cien por ciento de ti.

El mundo con el que interactúas y cómo lo experimentas es una experiencia personal. Gran parte de los altibajos que vives son respuestas a la defensa de tus sistemas de creencias, tus preferencias, tus opiniones y tus emociones. El mundo interno y externo son análogos.

Por un momento, respira profundo. Reconoce que en este vaivén de la vida hay un espacio en ti que siempre permanece, que no es efímero y está unido al origen; es un testigo observador de esta experiencia humana. Es un estado pacífico, sabio, sin edad, sin preferencias, sin miedos, alineado a la Verdad que siempre te ha acompañado.

El *Tao Te Ching*

Uno de los textos ancestrales que han tenido mayor influencia en mí es el *Tao Te Ching*, escrito por un filósofo chino llamado Lao-Tzu. Incluso le dediqué un libro a sus enseñanzas que se llama *Una vida sin límites*.

El *Tao Te Ching* ha sido estudiado y practicado por aquellos seres humanos que irradian paz e inspiración. Es el segundo libro más leído después de la Biblia. Fue escrito hace más de dos mil quinientos años, consta de ochenta y un versos y se describe así:

Tao: significa el "camino"; puede traducirse como la "vía" o también como "sendero" u "orden"; es el principio fundamental que guía todo. Se refiere a la esencia primordial o al aspecto fundamental del universo y del ser humano; sigue el orden natural de la existencia y sus manifestaciones. El Tao mantiene todo en equilibrio, vive abierto a las transformaciones.

Te: es la "virtud", poder o manifestación del Tao. Es vivir en armonía con la vida. Llegarás a vivir en Te, en la calidad de poder o la virtud de vivir según te relaciones con el Tao (camino).

Ching: indica que es un texto fundamental, un clásico, una escritura o un canon.

A continuación te comparto el Verso 5 del *Tao Te Ching*, "El Tao es el poder y el origen":

> *Existía algo sin forma, perfecto.*
> *Antes de que el universo naciera.*
> *Es sereno. Vacío.*
> *Solitario. Permanente.*
> *Infinito. Eternamente presente.*
> *Es la madre del universo.*
> *Por falta de un mejor nombre,*
> *lo llamo el Tao.*
> *Fluye por todas las cosas,*
> *por dentro y por fuera, regresa al origen de todo.*
> *El Tao es magnífico.*
> *El universo es magnífico.*
> *La tierra es magnífica.*
> *El hombre es magnífico.*
> *Existen cuatro grandes poderes.*
>
> *El hombre sigue a la tierra.*
> *La tierra sigue al universo.*
> *El universo sigue al Tao.*
> *El Tao se sigue a sí mismo.*

El Tao se refiere también al origen. Existió antes que cualquier religión, las leyes de los hombres o los códigos morales y sociales. Del Tao brotan todas las cosas y los seres, y él los cubre y los sostiene, como el agua al pez. El Tao es la esencia que precede a la existencia, es la realidad última; la dimensión profunda de la que surge la vida. El Tao es vacío, es espacio, es inteligencia, es vida, es armonía.

La vida, o Te, surge del Tao. Del vacío se genera todo, es de donde emana la existencia. La utilidad del Tao es el vacío. Sentimos la conexión con el Tao cuando cultivamos quietud, humildad y calma. Propiciamos en nosotros la presencia del Tao vaciando nuestro ser de opiniones, juicios, reclamos, quejas, etcétera. Nos alejamos del Tao cuando vivimos inmersos en las actividades de la vida cotidiana, inconscientes, dormidos, operando desde nuestro personaje, desde el ego, estresados o con miedo; existimos en la ilusión de una "realidad" en la que continuamente queremos manipular algo o a alguien y esto nos desequilibra.

El Tao es el camino del retorno, tal como lo enseñaba Lao-Tzu; es el regreso a lo esencial, a lo más profundo. Al ser uno con el Tao nuestros esfuerzos disminuyen, los conflictos se disipan y resplandece la revelación sin límites que usa el Tao para crear la vida a través de nosotros.

Dentro del Tao todo es movimiento, vida y muerte; esto se experimenta en cada momento, en cada día, es el ciclo natural de la vida. En este instante todo nace del elemento del vacío y todo vuelve a él. Reconocer esto es examinar el principio intrínseco de la vida. Mientras que esto es complejo de entender intelectualmente porque vivimos en una percepción del tiempo lineal, lo que Lao-Tzu desea es que lo comprendamos existencialmente; que comprendamos que la vida es solo un ahora que nace y muere sin separación. Cualquier cosa que se haya dicho o haya sucedido solo puede existir en el mundo de la mente que llamamos "pasado".

La virtud de vivir a partir de este principio es lo que él llama "el camino dentro del Tao", o el retorno al origen. Es el camino de transformación interna por el cual regresamos al estado original del ser que es el Tao, libre y en concordia con el entorno en todo momento.

Regresar al Tao es volver a ti mismo, es retornar a casa, a tu propio templo, a tu verdadero ser, lleno, completo. Es despertar a tu interior, es verdaderamente reconocer quién eres, y esto es parte de un todo. Un ser que parte de una consciencia universal y que es parte intrínseca de ella.

El camino del Tao

Observa cómo en cada momento el camino se desenvuelve frente a ti, es el sendero que te lleva a conocer tu verdadero ser, en el cual puedes observar la vida desde un lugar neutral, sin tomarte las cosas de manera personal.

El Tao consiste en vivir en contemplación constante, manteniendo la claridad en tu mente para distinguir lo que es real en cada situación. La naturaleza de cada experiencia nos da la posibilidad de despertar o continuar adormecidos. Lo interesante es permanecer como indagadores de nuestras reacciones, sin caer en la tentación de emitir juicios sobre si son buenas o malas. Sin resistirse a la vivencia desde el drama y aceptarla como parte de un todo.

Hemos aprendido a fragmentar las perspectivas y volverlas pensamientos y opiniones; por lo tanto, solo experimentamos un fragmento de la realidad, lo que se acomoda a lo que pensamos de ella.

No se tiene la capacidad de observar todo. Desde la paz podemos darnos cuenta de que cada vez que examinamos una experiencia esta cambia, como un prisma que ofrece múltiples vicisitudes, al reflexionarlo de esta manera, reconocemos que solo nosotros podemos construir lo que es *nuestra* realidad en cada momento.

En ciertas ocasiones, el camino del Tao se puede percibir como algo difícil o rebelde, que va en contra de nuestras ideas sociales, morales, intelectuales, preferencias o de los caprichos del ego; sin embargo, el Tao te pide que vivas sin oponerte desde la fuerza, que elegantemente cedas el paso a lo que no te corresponde.

Tao es el camino de completa cooperación con la vida. Si te mantienes en tu centro, estarás en él, pero si quieres hacer una contribución, que sea desde una mente clara, no desde una guerra interna. Para entender el camino del Tao, imagina un río que baja con ímpetu, que sigue la forma de la tierra, que se mueve entre las rocas para llegar a su fin, unirse con el mar. Así como el agua se adapta para seguir su rumbo, el Tao te invita a ser flexible, a moldearte. El camino del Tao lleva a conocerte en función de la armonía con tu entorno, este es tu maestro. Si sigues este camino, serás uno con el momento que vives y en este encuentro verdaderamente podrás experimentar cómo la vida fluye a través de ti. De esta manera, no solo vives las experiencias, sino que te conviertes en ellas.

Los seguidores del camino no viven como "directores de la vida", sino que se comprometen a vivir entregados a cada momento, la vida es "cada instante" y este ya se fue… Es permitir que la vida se desenvuelva y observar cómo todo se lleva a cabo en ella para ti. Cuando vivimos sin confiar, "tratando de controlar", nos disociamos de la esencia del Tao, invitando al miedo a gobernar.

La confianza es cooperación perfecta; así, con esta energía, la flor se manifiesta a su grandeza sin mayor esfuerzo, su inteligencia radica dentro de ella y se expresa naturalmente; conquista todos sus propósitos, se nutre del conocimiento que surge del origen. De la misma manera, este perfecto conocimiento equilibra todo dentro de ti, si te lo permites.

Respira, permítete ser vivido por el Tao.

Siente cómo la sabiduría baña todo tu ser y tu entorno. Esto es alinearte con el poder del conocimiento universal, que está presente en nuestra vida cada momento. La confianza en el camino del Tao debe surgir de lo más profundo de nuestro ser; esta te permitirá florecer con tu mayor grandeza, sin esfuerzo, sin estrés, sin que tengas que aferrarte a nada ni por miedo, ni por desconfianza. Esto es de lo que habla el Verso 1 del *Tao Te Ching*, "Marcando el camino":

> *El Tao que se puede contar*
> *no es el Tao eterno.*
> *El nombre que se puede nombrar*
> *no es el nombre eterno.*
>
> *Lo innombrable es lo enteramente real.*
> *El nombrar crea el origen de lo particular en los objetos.*
> *Libre de deseos, uno concibe el misterio.*
> *Atrapado en los deseos, uno solo ve las manifestaciones.*
>
> *Asimismo, el misterio y la manifestación*
> *nacen del mismo origen.*

El origen se llama oscuridad.

Oscuridad dentro de la oscuridad
es el camino a cualquier entendimiento.

Para vivir el camino hay que experimentarlo con la mente abierta, una mente que no sabe, una mente curiosa, inocente, fluida, suave; una mente tan abierta a la experiencia que no trata de entenderla con palabras de juicio o de valor.

El sabio entiende que al poner algo en palabras, al vivir la vida desde el análisis, necesariamente tendrá que describirla o etiquetarla, lo que limitará su verdadera esencia. La situación, la persona o el objeto cesarán la posibilidad de irradiar para ti su magia, su luz y su espectro total. Una vez que tratamos de definir algo o a alguien, obstaculizamos la posibilidad de vivir en mayor expansión. Por eso cuando vemos hacia atrás, liberados de la narrativa engendrada en nosotros por alguna vivencia, trascendemos a un espacio de entendimiento de las cosas, de las experiencias y de las personas que resulta generosamente resplandeciente. Muchas veces reconocemos que lo que creímos que fue lo peor que nos pudo haber pasado se convierte, al soltar la creencia, en una gran bendición.

Si nos permitimos salir de nuestras historias limitadas, personales y miopes acerca de nuestras vivencias, nos liberamos de ser víctimas de ellas. Es entonces que comprendemos que somos parte de un todo y que cada momento se manifiesta como una puntada más del tejido de nuestra experiencia de vida.

Nuestro entorno nos habla de quiénes somos. A veces permitimos que aumente el amor, otras veces reaccionamos al proyectar nuestros miedos. Las situaciones son nuestras maestras, nos acercan a entender a qué le damos valor, a observar cómo interactuamos y qué virtudes empleamos para relacionarnos. Esto nos aclara la idea de que, cuanto más abiertos estamos, más opciones tenemos de crear una vida que se alinee con nuestra paz, y a la alegría que brota naturalmente de nuestro interior.

El entorno es el Tao, perfecto en cada momento, sin pasado ni futuro. Vive en la dimensión de este instante, en la que aparece la posibilidad de la abundancia, la serenidad y la gratitud eterna. En este momento respira, observa tu vida, mírala como un espejo de ti: ¿qué ves? ¿Qué destaca para ti?

La abundancia es la capacidad de observación más allá de lo aparente; si no la vemos, no la habitamos; cuanto más la apreciamos, se multiplica. El Tao se manifiesta, aunque es invisible; al vivir en él, habitas en un baile eterno con la consciencia universal. El Tao pide que no lo nombres como un concepto más, que no lo cuestiones, sino que te entregues a él despierto, confiado, maravillado. El *Tao Te Ching* dice que el origen es la oscuridad; donde no hay contrastes no hay nada que saber, solo experimentar.

Vivo. Vivo notando, vivo presente, abierto, confiado; vivo sin tener que defenderme; vivo con la certeza de que mi camino es como yo lo decida vivir. Vivo la vida, como las olas del mar: siempre traen algo, siempre se llevan algo.

Reconozco que ganar o perder no es una posibilidad; cuando alguien o algo se va, alguien o

> algo ya viene. Sé que al forzar la vida solo encontraré resistencia. Vivo abierto a los mensajes del Tao, vivo maravillado de la abundancia y el orden que me regala cada momento.

Encontrarse con lo desconocido es el camino para cualquier entendimiento. No se vive en donde se cree que ya se conoce todo. Hoy quiero ser más alegre, silenciosa, lenta, confiada, contemplativa y espontánea. Viajar con menos equipaje, alejarme del drama y de lo complicado es un favor para mí y para los demás.

Hoy respira profundamente y no califiques algo como bien o mal, mejor o peor. Eso es solo vivir en comparaciones y con la mente en el pasado, en conceptos. Sé abierto, relajado y entrégate. Regresa a una perspectiva clara y emocionalmente válida; antes de reaccionar, visualiza qué sería eficiente vivir. Así permite que se genere lo más amoroso, concluye una experiencia de bienestar general, en la que te libere el profundo respeto a lo que no comprendes.

Una pregunta importante es: ¿quieres vivir disfrutando? Qué poderoso es el que disfruta, el que se entrega, el que no trata de encontrar explicaciones que lo distraen de estar, el que reconoce que en la mayoría de las ocasiones callar es más valioso que opinar, el que sabe que muchas de sus opiniones ni siquiera le pertenecen.

Permite a tu mente salir de la dualidad, en la que lo otro es ajeno a ti. No pienses que tienes que defenderte, comprende que tú haces posibles las relaciones humanas, cede el paso, abre la posibilidad de reconocer que tu ser es más poderoso que tus posturas.

Si te sostienes en la Verdad como estado de consciencia, lo que es justo encontrará su equilibrio dentro del Tao. Tu tarea es reflexionar, hablar y actuar alineado con la Verdad o Sattva, esto te mantiene en la virtud del Tao dentro de toda situación.

Lo dramático no sirve, todas las experiencias son lo que son; es nuestra calidad de intérpretes lo que filtrará y determinará desde qué lugar nos relacionamos con ellas.

Hoy no me identifico con una emoción que me gobierne y así me doy cuenta de que lo que siento en mi vida es claridad, seguridad, tranquilidad de lo que soy capaz en la entrega a la vida. He retomado mi camino con mis prácticas diarias, lecturas, risa, caminatas, suavidad en todo. Esto me hace estar despierta a la vida. Ahora estoy en paz con mi interior, con certeza. Mi camino es libre, lo exterior es como tenga que ser, yo sé que mi contribución es el amor por dar en cada instante.

Se abren caminos inimaginables que me llevan a la grandiosa aventura de encontrar que cada día menos cosas me parecen importantes; asumo el reto de que el camino sea al interior, al de brillar por el amor de vivir. Ahí está el camino para mí. Fuera de nombres, etiquetas, definiciones, rigidez, de la mente que no sabe, en entrega total. Como dice el Verso 6 del *Tao Te Ching*, "Con la mente abierta":

Un buen viajero no tiene planes fijos,
su interés no es llegar.
Un buen artista permite que su intuición
lo guíe por donde tenga que ir.
Un buen científico se ha liberado de conceptos fijos,
mantiene su mente abierta a lo que en ese momento es.

La maestra vive accesible a todas las personas,
no rechaza a nadie.
Está atenta para usar cualquier situación,
no desperdicia nada.
Esto se llama vivir en la luz.

¿Qué es un hombre bueno, sino el maestro de un
*   hombre malo?*
¿Qué es un hombre malo, sino el trabajo de
*   un hombre bueno?*
Si no entiendes esto, te perderás.
No importa lo inteligente que seas.
Esto es el gran secreto.

Capítulo 6

Vacíate

El practicante del Tao vive enraizado en él, sabe que nada del mundo le pertenece, ni su cuerpo e identidad, y por eso vive libre. Esta libertad permite que el poder de la vida fluya a través de su ser. Sabe practicar la autonomía absoluta que tiene de cuestionar lo acumulado y seguir lo que va en armonía con su corazón, en ligereza.

> No busques autoridades,
> no busques gurús,
> no busques que alguien te dé la respuesta.

Vive la vida, experimenta y crea desde tu libertad. Toda la sabiduría vive en ti, confía en ella, responsabilízate de ella, apodérate de tu amor y desde ahí sal al mundo a relacionarte con él.

Cuando se sobrevalora a las personas, uno se vuelve débil; cuando se sobrevalora lo material, esto se vuelve lo primordial. El maestro vacía su mente para dejar a un lado los deseos y la ambición intelectual; se deja llevar por el mando de su ser alineado con el Tao. Vive con el ímpetu de impregnar en cada acción una virtud que enaltece su ser. Es la vida sin esfuerzo que se asemeja a las manifestaciones magnánimas de la naturaleza. Las personas nos complicamos cuando creemos que sabemos, cuando deseamos controlar y dirigir la voluntad universal. Lo que muchos creemos saber es lo que otros nos han dicho y hemos tomado como la verdad. Una mente abierta es el camino a la paz. Cuando creemos saber qué es lo que debería o no suceder, tratamos de manipular la realidad y esta es la receta de la infelicidad.

La taza de té

Un maestro zen recibió la visita de un profesor universitario que quería ser incluido en las elevadas enseñanzas del conocimiento acerca de la filosofía zen. El maestro respetuosamente le ofreció al profesor una taza de té.

El profesor aceptó y el maestro comenzó a servirlo en una pequeña taza hasta que esta se llenó, pero él no paró de servir, hasta que el té se derramó en el mantel. El profesor, preocupado, le dijo: "Disculpe, maestro, no hay más espacio para el té en la taza, no se ha dado cuenta de que se está derramando…".

El maestro respondió: "La taza es como tu mente, si viene llena de opiniones, creencias limitantes y conceptos, cómo te puedo servir… Vacía tu mente para florecer en algo nuevo".

A continuación encontrarás citas de diferentes maestros de distintas épocas que reuní para profundizar en las enseñanzas del capítulo. Te invito a reflexionar acerca de ellas y ver si te puedes quedar con alguna, meditar en ella o escribir lo que este planteamiento significaría para ti en tu vida diaria…

"¿Podrías liberar tu mente de su incesante galopeo
con el fin de conservar la unicidad original?".

Lao Tzu

"Vacía tu mente de todo pensamiento, permite a
tu corazón estar en paz. Observa el sufrimiento
de otros seres humanos, pero observa también cómo
vuelven. Todo ser separado en el universo regresa
al origen común, regresar al origen es serenidad."

Lao Tzu

"Mi enseñanza está basada en el reconocimiento
de que el mundo objetivo como una visión
es una manifestación de la mente misma".

Buda

"Eres consciencia pura, la sustancia del universo
mismo, absolutamente todo el universo existe dentro
de ti".

Ashtavakra gita

"Durante nuestros sueños no reconocemos que
estamos soñando, incluso podríamos soñar que
interpretamos un sueño y, hasta que despertamos, no
reconocemos que era un sueño. Un día después del
gran despertar reconoceremos que este fue
el gran sueño".

Zhuangzi

Para mí estas reflexiones nos recuerdan la invitación a soltar, a plantearnos cuál es el origen que nos nutre como seres humanos, a preguntarnos qué vive realmente dentro de nosotros… ¿A ti qué te despiertan estas reflexiones?

Veamos lo que nos dice el Verso 3 del *Tao Te Ching*, "Practica no hacer y todo caerá en su lugar":

*Si uno sobreestima a los grandes hombres, a otros se les
   retira su poder.*
*Si uno sobrevalora posesiones, las personas comienzan a
   robar.*

*El sabio es líder al vaciar la mente de las personas,
al llenar su fuerza interior,
al debilitar su ambición
y al fortalecer su resolución.
Ayuda a otros a perder todo lo que saben,
todo lo que desean y crea confusión,
a los que piensan que saben.*

Sin un alto en el camino, sin haber recibido un espejo generoso que me invitara a verme dentro de cada experiencia vivida —ahora recibido con humildad y compasión—, mi vida seguiría siendo un sendero casi imposible de caminar, como lo fue durante muchos años que debatí de manera constante, que resistí la vida hasta agotarme. Debo confesarte que, aunque el camino para mí se ha vuelto mucho más bondadoso y sereno, a veces vivo con confusiones, como humana que soy. Sé que hay laberintos en mi mente que, cuando menos me doy cuenta, rondo en ellos, por lo que reparo en reconocer que todavía no he conquistado del todo la gran hazaña de vaciarme. Creo que a veces es por no llegar a la completa aceptación de lo vivido. Esto lo experimento como una resistencia a no haber resuelto soltar del todo.

Hoy después de mucho reflexionar, reconozco que cuando no me atrevo a erradicar un laberinto interno es porque suelo analizar de más lo que es, o lo que fue, o a veces lo que me frena es el miedo de volver a vivir el dolor que me causó determinada experiencia.

Ahora sé que cuando me atrevo a caminar por un laberinto interior para conquistar mi libertad, termino en el origen de la inocencia, como plantean las enseñanzas milenarias. Siento la brisa de la libertad, y ese dedo acusador que señalaba a otros o alguna situación que culpaba de manera inquietante y me dejaba un nudo interno, lo he vuelto hacia mí, así me siento libre y me otorgo la responsabilidad de asumirme completa, y dejo a otros o ciertas situaciones en paz, soltando la creencia de que me deben algo.

He aprendido que en cuanto me hago aliada de la realidad —de lo que es, o lo que fue— y cuanto más la abrazo y me uno a ella, sea lo que sea, todo se siente claro. También me doy cuenta de que cuando suelto todas las defensas y las dejo caer, y dejo de juzgar lo que vivo o lo que he vivido, la magia de la vida se desenvuelve frente a mí. Así, se desploma toda la falsedad sostenida, y con ello se siente un orden que se convierte en una ligereza que me eleva por instantes, que me separa de la tierra. Me observo comiendo, durmiendo, amando, sin ninguna carga mental que constriña la experiencia que me ofrece la vida.

Reconozco que cuando realmente experimento la vida en su plenitud, lo hago cuando me olvido de mí y me sumerjo en la experiencia misma, abandonada a cierta transparencia. También reconozco que cuando me esfuerzo, planifico, analizo, juzgo y me separo de mi intuición, lo hago para tratar de forzar un resultado y no llego muy lejos. Hoy sé que no hay que apretar, sino soltar, desprenderse es la clave para unirnos a la genialidad.

Te comparto unos pasos que me apoyan a encontrar la resolución a las vivencias con el fin de soltar:

1. Cambiar la palabra problema por situación… esto me saca de un nudo y me permite preguntarme: "¿Quién quiero ser frente a la situación?". Esto me separa de tomarla de forma personal. Me abre el espacio de decidir ser *paz*.

2. Me pregunto si lo que requiere la resolución es:
   - Tomar una acción desde la paz hacia una nueva dirección.
   - Hacerme una petición a mí o a otros que contribuya a la situación.

3. Comprender que, si para soltar y trascender la situación, lo que se requiere de mí es:
   - Ponerme límites o a los demás.
   - Perdonarme a mí o a los demás.
   - Aceptar.
   - Entregarlo a la consciencia mayor con el fin de que salga de mi mente y pueda rendirme al misterio de lo que no comprendo.
   - Hacer una declaración como: Soy libre y capaz, me entrego a la vida y a un orden que se gesta, aunque mis ojos hoy no lo perciban.

Si sientes que aún te ata una situación pregúntate si es por lo siguiente:

- Inconsciencia: No tienes las herramientas o no sabes cómo salir de un laberinto mental.
- Sientes que tienes que rescatar a otros o a ti mismo. Cuando nos ponemos en el rol del rescatador vivimos en victimización y en enojo. Por esto, cambia la posición de rescatar a la de contribuir y observar a todos como seres completos.
- Sientes que si sueltas tu historia o te abres, te pones en una posición de vulnerabilidad, o de alguna manera crees que al sostener tu postura te proteges.
- Tienes la razón de lo que crees y esto ocasiona que no la sueltes.
- Adicción al drama. Sostenemos narrativas a las cuales acudir cuando queremos manipular, conseguir algo, hacer sentir culpable a alguien o simplemente creemos que esto nos da algún tipo de ganancia.

Hay un verso del *Tao* que yo aplico de manera constante en mi vida cuando me enredo en algún tipo de frustración o conflicto interior y el miedo o el control comienzan a permear en mí: "Practica no hacer nada y todo caerá en su lugar". Te invito a hacer un ejercicio de desprendimiento y bondad utilizando la frase anterior:

Recuerda que la honra y el respeto son los ingredientes necesarios para ordenarnos por dentro...

Así que te convoco a que pienses en algo que hoy le da la espalda a la paz, o en algún dilema que te tiene saturado.

Ahora piensa si por un momento no haces nada... ¿podrías confiar en que el universo con su magna inteligencia está trabajando a la par de ti, en un orden que a simple vista no puedes observar? Pregúntate: ¿puedes soltar y confiar?

Ahora reflexiona con una respiración profunda:

¿Cómo puedes honrar esta situación
y respetarla?
¿Cómo serías si hoy respetaras lo que otros dicen,
piensan o hacen?
¿Cómo actuarías en cierta situación o frente
a una persona si te rigiera como prioridad el
honrarte y respetarte?

Para mí esto significa respetar mi paz, el orden de la vida, y saber que cada quien actúa como mejor puede en determinado momento.

Te invito a poner esto en práctica hoy y verás cómo la serenidad vuelve a ti.

Este ejercicio invita al desapego, a la ruptura de los esquemas mentales que nos atan y a los laberintos internos del pasado o prejuicios establecidos por nosotros que nos constriñen.

Hoy la vida nos pide desnudarnos de lo que nos vincula al miedo, con el fin de comprobar que se está mucho mejor despojado del todo, porque así se vive en libertad. De esta manera ensanchamos el corazón, y pronto empiezan a caber en él más posibilidades, más color, más personas, más aventuras y gran espontaneidad.

En realidad, tanto más noble es un ser humano, cuanto mayor es su capacidad de hospedaje o acogida. Cuanto más vacíos vivimos de nosotros mismos, más cabe dentro de nuestro interior, y esto va en proporción directa a nuestra capacidad de amar. Esto lo dice el Verso 9 del *Tao Te Ching*, "Virtud":

Si quieres vivir completo,
permítete ser parcial.
Si quieres ser recto,
debes poder doblarte.
Si quieres vivir lleno,
debes poder vaciarte.
Si quieres poder renacer,
debes dejarte morir.
Si quieres tenerlo todo,
debes poder dejar ir todo.
El sabio, por vivir en el Tao,
pone un ejemplo para todos los seres;
porque no presume, otros pueden ver su luz.
Porque no tiene nada que probar,
otros pueden confiar en sus palabras.
Porque no define quién es,
otros pueden verse reflejados en él.
Porque su mente vive fuera de metas,

todo lo que hace es un éxito.
Cuando los sabios ancestrales decían:
"Si quieres tenerlo todo,
debes dejar ir todo".
No lo decían como un decir.
Solo dejándote vivir por el Tao,
podrás ser tú mismo.

Capítulo 7

Paciencia, ve despacio

Una vez que comienzas a vivir más ligero, que experimentas un orden armónico, reconoces que uno de los obstáculos más grandes para la paz es la exigencia con la que muchos abordamos la vida. Como bien sabes, hay muchas condiciones y circunstancias que están fuera de nuestro control. Para la gran mayoría, los acontecimientos vividos acumulan cierto desconcierto después de unos años; el cuerpo habita una tensión persistente, nos escudamos para enfrentar la vida y un futuro que desconocemos y que en el fondo muchos tememos.

Hoy en día, esta es la condición habitual del ser humano, por lo que es imprescindible hacernos conscientes para frenar y replantear. La mayoría cree que no puede parar, va de actividad en actividad, y vive en el olvido de que tiene una misión transcendental en su vida y que puede darle dirección a su existir.

La mente dormida casi siempre está insatisfecha, vive impaciente, agitada o cansada. Paciencia y presencia son virtudes que se quedan en el olvido y requieren práctica y ciertos hábitos diarios.

A continuación, te expongo algunas prácticas o hábitos que invito a los estudiantes del Instituto MMK a implementar en su vida diaria, porque recordemos que la práctica hace al maestro:

- Hacer caminatas en silencio.
- Leer o escuchar audiolibros mientras manejas o te trasladas.
- Practicar yoga, tai chi o meditación guiada.
- Escribir a diario una reflexión.
- Ir despacio.
- Hacer pocos compromisos.
- Crear un círculo pequeño de personas con quienes puedas tener conversaciones de calidad.
- Unirte a círculos de lectura.
- Respirar conscientemente en conteo de cuatro al inhalar, cuatro al sostener el aire y cuatro al exhalar, con el fin de centrarnos en el aquí y ahora.
- Sonreír.
- Dar las gracias.
- Hablar de manera bondadosa.
- Elegir palabras neutrales, con el fin de no exagerar ni dramatizar.
- Soltar la queja.
- Observar lo magno y no lo carente.

Es importante que asumas que puedes elegir cómo vives tu vida. Si no lo reconoces, no serás capaz de explorar verdades profundas de quién eres realmente, ni de residir en este mundo con un aplomo mucho más engranado a tu realidad de lo que aparentemente crees.

Hoy conviértete en la autoridad de tu vida interna, aligera el paso. Suelta los anhelos incesantes, las necesidades creadas, los reclamos del ego, las exigencias del exterior, las actividades constantes, las historias sin sentido, los reclamos caducos, con el fin de responder al llamado de realmente vivir y estar.

Recopilé para ti las siguientes reflexiones que nos hablan del valor de ir a paso lento; no solo nos hace más eficientes, sino que crea presencia, claridad y bienestar en nuestra vida. El hábito de frenar permite hacernos replanteamientos importantes, invoca al ingenio e invita a la intuición y a la creatividad a que sean compañeras de este viaje. Al soltar, no al apretar, se expande la vida.

Te invito a detener la lectura del libro y meditar en cada uno de estos pensamientos provenientes de maestros de épocas distintas y que encuentres qué es lo que resuena en ti y cómo podrías utilizar estas enseñanzas en algo que hoy te apremie, te cause miedo o cierta necesidad de control o exigencia:

Reflexiona:

"Puedes dar un paso atrás de tu propia mente, y entonces sí entenderlo todo".

Lao Tzu

"El que se apura a ganar, no llega muy lejos".

Lao Tzu

"La lentitud conquista lo rápido".

Lao Tzu

"Mejor es vivir un día viendo el nacimiento y la caída de todo, que vivir cien años ciegos ante cómo nace y muere todo".

Buda

> "Gota a gota se llena la jarra. Asimismo, el hombre sabio poco a poco se sostiene de lo satisfactorio".
>
> BUDA

> "No te puedo decir si lo que el mundo considera felicidad realmente lo es o no. Lo único que sé es que lo que hacen muchos para conseguirla es salirse de su camino, obsesivos, con prisa, en manadas, sin poder parar o cambiar de dirección, todo justificado por la idea de que están a punto de obtener dicha felicidad".
>
> ZHUANGZI

Me parece crucial dedicarle tiempo a reflexionar en los pensamientos anteriores, más aún cuando vivimos en una cultura que sobrevalora la prisa, los resultados y una vida sin un mayor sentido de sencillez. Este es uno de los mayores obstáculos para despertar a lo espléndido de cada momento.

El que despierta reconoce el valor de vivir arraigado en la verdad permanente, constante, inmutable, indivisible, sin distorsión, íntegra e intacta y siempre existente, que nos gobierna a través de nuestra sabiduría interior.

Es lo que han enseñado los grandes maestros y filósofos a lo largo de la historia humana: Sattva, la "verdadera esencia" o la "verdadera naturaleza". En este espacio el tiempo es eterno y la prisa es un sinsentido, porque no se otorga valor a las alabanzas del ego, sino a la calidad de la presencia en las vivencias.

Todo lo que cambia y se vive como reto en el plano físico crea en muchas ocasiones el torbellino de la vida que no es permanente, como emociones, pensamientos, situaciones, adversidades profesionales, temporadas, etcétera, las cuales no se alinean con Sattva.

Al vivir alineados, se nos aligera el paso y nos colocamos en un estado de consciencia elevado que sabe que no hay un puerto exacto a donde llegar. Y que constantemente nos encontramos en el mismo lugar. Al vivir conscientes de esto somos más auténticos y honestos ante la vida, porque sabemos que cada encuentro es con uno mismo ante lo que se vive.

A continuación, hay unos ejemplos casi idénticos de diferentes enseñanzas de los principales maestros para que observes cómo lo que instruían tiene tanta similitud porque solo existe una Verdad, y esta es eterna, ha existido y existirá más allá de la historia de la humanidad. Tu liberación consiste en vivir a través de ella.

Reflexiona:

"En este mundo tendrás problemas. Pero vive desde el corazón, porque yo he trascendido el mundo".

JESÚS

"Yo he nacido en el mundo, he sido criado en el mundo, habiendo trascendido el mundo vivo sin mancha alguna de él".

BUDA

"Felices son aquellos que no reclaman nada, así el
mundo completo les pertenece".

JESÚS

"Cuando reconoces que nada te hace falta,
todo el mundo es tuyo".

LAO TZU

"La aprobación de los hombres o su desaprobación
no significa nada para mí".

JESÚS

"Porque vive contento consigo mismo,
no necesita la aprobación de otros".

LAO TZU

"Los sabios no se ven afectados
por halagos o culpas".

BUDA

"Si te aferras a la vida, la perderás;
si la sueltas, la salvarás".

JESÚS

"No apegarse a nada de este u otro mundo permite
que recibas las bendiciones de una vida santa".

BUDA

"Al tratar de retener, lo pierdes".

LAO TZU

> "Te lo digo, ama a tus enemigos".
>
> JESÚS

> "Un gran hombre piensa en sus enemigos como la sombra que él mismo carga".
>
> LAO TZU

> "Si quieres renacer, permítete morir".
>
> LAO TZU

> "Te digo la verdad: si no te permites nacer una vez más, no conocerás el reino de Dios".
>
> JESÚS

Cuestiónate cuál de estos pensamientos te abre hoy una nueva posibilidad de vivir de una forma distinta, con una calidad interna sólida. Te invito a escribir detenidamente en un cuaderno cómo entenderías o aplicarías las enseñanzas anteriores en algo que vives hoy.

Usa estas perlas de sabiduría de los grandes maestros para comprender con claridad cómo todos enseñaban la Verdad o Sattva; este es el punto nodular que te une con la sabiduría universal.

La postura de vivir alineados con la misma voz de los sabios nos alimenta. Nos invita a vivir en unicidad y se hace evidente lo siguiente:

Cuando somos pacientes, cuando nuestro caminar es sereno, acompañamos a otros en su camino, lado a lado, hombro con hombro; esto desde el silencio del ser, desde el corazón abierto. Hay que permitir que las acciones o no acciones hablen de quienes somos, de lo que vive dentro de nosotros; esto es lo valioso para compartir con otros, más allá de creer que tenemos las respuestas. Porque en el momento en que piensas que eres alguien especial o superior, que tienes algo que enseñar, el mundo interior se congela y se transforma en el reino de la ilusión mental. Ese es el precio de identificarnos como una persona que sabe. Es la invención de la mente que vive de conceptos y quiere imponerlos a otros. Así te reduces a la figura de maestro: limitado, separado, estancado, no el que simplemente enseña por ser.

El maestro es siempre alumno y vive con la mente abierta, es libre para expandir su consciencia. Para el verdadero maestro (es decir, el verdadero alumno), maestro y alumno son siempre lo mismo.

Permite que el silencio de tus posturas sea bondadoso, paciente y sereno. Esto es clave en tus relaciones con los demás, pues genera un espacio en el que pueden reflejarse en ti.

Enseña con tu paz, sin emitir juicios demandantes. Permítete ser para los otros un lugar seguro que los sostenga bajo tu claridad; crea un espacio de contención en el que puedan expresarse y encontrar lo que es verdad para ellos por medio de tu conversación o tu presencia en silencio.

El juicio que hacemos de los demás nos fragmenta a nosotros mismos; cuando estamos frente a ellos, los observamos devaluados por la historia que hemos inventado basada en nuestros juicios o críticas. Caracterizamos a las personas y determinamos quiénes son, para que puedan pertenecer a nuestras narrativas, pensamientos y opiniones. Esto forma una capa con la que terminamos relacionándonos.

Los seres humanos, por lo general, creemos que nuestra manera de ver a los demás, nuestras conclusiones y manera de pensar son lo correcto y actuamos en consecuencia. Esta es la mayor causa de guerras y violencia, porque justificamos lo que pensamos y le damos un peso de tal magnitud que reaccionamos casi siempre de forma equivocada.

Con la creencia de que tenemos que corregir a los demás, experimentamos un mundo de exigencia e impaciencia en nuestro interior.

A la personalidad basada en el ego, una relación representa a dos personas que están de acuerdo con sus historias. Si nos damos la razón, me amas y te amo. Pero en el momento que cuestionas mis sagradas creencias, te conviertes en mi enemigo. El sabio, al contrario, fomenta el vínculo profundo de la relación. Cuando no comprende algo, entra en el territorio de la curiosidad y hace cuestionamientos como:

- ¿Qué es importante para ti en esta situación?
- ¿Cómo puedo apoyarte para ser un pilar en tu vida?
- ¿Cuál es tu propósito al pensar o actuar así?
- ¿Cómo te sientes cuando piensas esto?
- ¿Existe la posibilidad de vivir en paz esta situación?
- ¿Cómo puedo estar cerca de ti frente a lo que vives?

Si la persona con la que nos relacionamos muestra comportamientos de violencia o actos no funcionales para nosotros, también es efectivo decir: "Por ahora tu comportamiento no me funciona" (ponemos un límite de espacio o tiempo) y agregamos: "Estoy aquí para ti cuando quieras hablar de lo que te sucede a un nivel más profundo, de lo que te lleva a reaccionar así. Pero si tu comportamiento no incluye respeto, lo funcional para mí es poner límites".

Para amar verdaderamente debemos sentarnos y aquietar la mente antes de cuestionar los juicios del aparente otro; esto abre nuevas rutas en nuestras relaciones humanas. Así nos encontramos primeramente con nosotros mismos en comprensión, sin historias, ni pasado ni futuro, sin el yo ni el tú, sin el apego a la culpa. Para conquistar esto es importante terminar nuestros pensamientos con interrogantes.

Por ejemplo, Juan es un egoísta. Un juicio así mete a Juan en la caja del egoísta y la mente ya solo busca evidencias de que esta es la única verdad de Juan. Así funciona la mente, una vez que haces un dictamen de algo o alguien todo lo que contradice el juicio queda fuera de nuestra mirada.

Ahora si pienso: ¿será que Juan es un egoísta? Simplemente plantear la pregunta me hace ir mucho más despacio… No corro a hacer conclusiones y reacomodo mi mirada. Esto me abre la posibilidad de ver un espectro generoso de Juan, y puedo también cuestionarme si yo estoy siendo egoísta cuando solo veo un aspecto de alguien y dejo fuera otras bondades y su inocencia innata.

Desde esta apertura, mi conversación con Juan se suaviza, veo toda su humanidad y puedo observar sus limitaciones y también las mías, y todo este movimiento nace desde la compasión y el amor.

La generosidad es lo que queda al comprender que no existe tal cosa como un "yo" y un "tú" atrapados en juicios; es reconocer que, cuando no suelto la guerra interna, el otro es una proyección de mis necesidades, reclamos o prejuicios. El trabajo interior está sin concluir mientras no hagamos reverencias internas a los pies del mundo exterior, y comprendamos que cualquier cosa que rechazamos es un estado de separación interna y una activación del ego.

Hay que aprender a cuestionarnos sobre lo que juzgamos de otros. Aprender a vivir en humildad con nuestras ideas significa no sobreponer una opinión a lo que es. Es no imponer al ego frente a lo que está presente. Esto sustituye el relacionarnos con la mente egoica por la presencia.

Al ponerte en contacto con la claridad de ser y estar presente como un observador generas la posibilidad del amor incondicional. Existe una gran enseñanza al conquistar la unidad con otros seres humanos, al aprender a vivir con otras formas de pensar y dejar a un lado la voz que nos separa del resto del mundo y, sobre todo, de las personas que nos cuesta más trabajo tratar.

Si vives desde este lugar, te darás el descanso de no tener que saber más que los otros, no tendrás que ser más que ellos, ni pretenderás dirigir la vida de nadie, porque reconoces que es más importante cómo ellos viven dentro de ti: si los usas para activar el ego o para conocerte aún más. No existe mayor enseñanza que la que nos muestra la gracia de vivir en apertura, al saber que todo es un espejo a la medida de nuestro interior y que vivimos en puntos ciegos que podemos descubrir cuando bajamos la guardia.

Capítulo 8

Haz lo que quieras con esta vida

Practicar la paciencia no es pasividad, sino que te prepara para vivir con confianza radical. La mayoría llegamos a darnos cuenta, al pasar del tiempo, de que hay mucho por vivir, por experimentar: alegrías, placeres, caminatas, amores, sabores, descansos, atardeceres que a veces no apreciamos porque creemos no tener tiempo, estamos sumamente ocupados, cansados, sin motivación o simplemente hemos perdido la capacidad del asombro.

En un solo día puedes leer, ir a eventos, hacer ejercicio, tocar un instrumento, amar, bailar, explorar, abrazar, ver las estrellas, cambiar de dirección, tomar otras decisiones, contribuir, perdonar, meditar, relajarte, crecer espiritualmente, conectar, hacer nuevos amigos.

Vivir de verdad.

No arrojes tu vitalidad, no te apegues a una posición, a un rol, a una personalidad, o a una manera de ser que te duerme ante la vida. Suelta el pasado y renace ahora.

Aprende a vivir como el sabio: como te plazca, disfrutando, gozando, recibiendo lo que te da la vida, contento en tu corazón.

Probablemente aquí el ego surge desde la exigencia: cómo voy a gozar, sin planes fijos, sin una estructura, sin disciplina rígida, sin rutina, sin objetivos claros, o frente a lo que vives ahora.

¿Alguna vez te has preguntado si toda esta estructura y rigidez frena más tu vida que potenciarla?

Vivir y recibir la vida desde un estado de conciencia de gozo, de curiosidad, de bienestar y con una conexión profunda, te lleva a senderos nuevos, brillantes, que sobrepasan la estructura de tus planes. Esto no quiere decir que no te comprometas, honres tu palabra y tengas hábitos funcionales, pero ¿con qué apertura lo haces?

Aquí radica la importancia de confiar. Cuanta más confianza tenga un ser humano en el otro, o en la vida misma, podrá amar, porque el amor sin confianza no existe, se disipa.

El amor, como el arte o realmente vivir, es pura y llana confianza. Esta se ejercita, se intercambia por el miedo a nuestra percibida pequeñez. Reconoce que cuando realmente experimentas la vida en su plenitud, te olvidas de ti, te sumerges en un estado en el que la experiencia te arropa, te abandonas a tu gran suerte, porque te desprendes del todo. Reconoces que no hay que apretar, sino soltar. Despojarse es la clave para que la genialidad brote.

La confianza es simpleza y es el todo. Confiamos en soltar las expectativas que no nos dejan nada, pero también confiamos en todo, porque sabemos que la experiencia humana contiene cualquier cosa, incluyendo innumerables decepciones que podemos conquistar.

Toda mentira, toda infidelidad, todo error y toda inconsciencia, se diluye. Y se confía en que todo esto se va a presentar nuevamente en nuestra vida; esto nos hace recibir lo vivido con gratitud y humildad. Así, la confianza se convierte en algo neto y genuinamente espiritual, que trasciende el terreno de lo humano, de lo ordinario.

El panorama se expande de nuevo, se respira con suavidad y se siente una emoción que eriza la piel ante la plenitud del reconocimiento del poder de la sencillez que emite la reverencia de vivir así.

Cuando caminamos el sendero de la vida dispuestos, lo hacemos desde el *Wu Wei*. Este término proviene del Tao y representa aquello que sin alteraciones produce cambios y el movimiento necesario. *Wu* significa "no" o "ninguno" y *Wei* "acción", "hacer", "lucha".

Es no combatir contra lo que no se puede cambiar y continuar el camino del Tao, uno que te lleva a cumplir tu llamado. Cualquier obstáculo que se te presente, sencillamente se respeta, se acepta y se integra como parte del sendero, permitimos que nos transforme y nos muestre algo que no habíamos comprendido. ¿Para qué luchar en contra de lo que ya es, en lugar de entender el obstáculo como una situación que nos hace más conscientes?

¿Cómo vivir en Wu Wei?

Lo imprescindible es el uso del *sí* y el *no*, son las herramientas más simples del lenguaje que moldean las rutas internas y externas de la vida.

Es decir *no* a habitar en emociones que nos consumen y a lo que nos hace inflexibles o soberbios ante el vivir. Y usar el *sí* en nuestra vida. Este debe ser atrevido, un sí expansivo, abierto a la vida, a nuevos caminos, experiencias: sí a la felicidad, sí a los sueños, sí a ir en contra de la narrativa colectiva que no nos funcione, aunque nos rete. Sí a verdaderamente estar en tu vida.

Es vivir el baile del Wu Wei (hacer sin hacer) que al practicarlo en la vida diaria traduce lo complejo en sencillo. Tu eje es el momento presente y comienzas a vivir los ritmos de la naturaleza, te abres a una conexión de escucha de tu cuerpo, sus cadencias y necesidades determinadas. Hay gentileza en el trato a tu mente, cuerpo y espíritu; la vida —y tu participación— se vuelve ceremonial, pausada, acogida y plácida.

La clave del Wu Wei es la reverencia, saber que cobra un determinado orden lo que sucede en un espacio no perceptible a simple vista, aunque en la superficie se aprecie como crisis o desbalance; es saber que la naturaleza desacomoda para evolucionar, crecer y trascender.

Si te resistes y reaccionas por cómo están las situaciones en este momento, tendrás un enfoque limitado, porque solo percibirás la punta del iceberg de todo lo que se mueve en cada momento en el plano de la consciencia; es por lo que debemos confiar en que, a un nivel más profundo, se gesta un nuevo orden natural.

Una manera sencilla de practicar el Wu Wei y conectar con este orden creado más allá de tu mente analítica es liberando tu agenda, dejando espacios en el día para permitir que la vida trabaje por ti y a través de ti. En esos espacios de no hacer nada aparentemente, surge la claridad de nuestras intenciones, la intuición y la creatividad, y en el plano físico se manifiesta el *sincrodestino*, que es la sincronicidad de coincidencias que nos marcan una ruta, oportunidades y señales que responden a tus deseos.

Antes que nada debes reconocer que tu esencia tiene una conexión con todo lo que sucede en el universo. Debes comprender que el mundo físico está hecho de información contenida en energía que vibra en distintas frecuencias y tú eres una de ellas.

Al aprender a vivir desde la consciencia y sabernos íntimamente conectados con todo lo que sucede conquistamos el estar presentes en este nivel universal, y al hacerlo ocurren varias cosas: tomamos conciencia de los exquisitos patrones y ritmos sincrónicos que ordenan la vida; comprendemos las experiencias desde una óptica clara y entendemos cómo ellas emanan del aprendizaje que se refleja en nuestra manera de ser en este momento. Es sabernos un ser que vive en una expresión infinitamente creativa, que se sabe capaz y pleno para emprender el propósito para el que fue hecho de manera natural. Al saber esto, vivimos nuestros sueños más profundos y nos acercamos a la luz innata.

A partir de este lugar ponemos énfasis en esperar las coincidencias, que se presentan en los momentos pausados, aquellos que vivimos en espontaneidad y apertura. En este modo de vivir desde el Wu Wei escuchamos nuestro llamado interior, y sabemos cómo actuar y qué intenciones viven en nosotros. Estas trabajan como campos de energía que irradian información en el entorno y permiten una comunicación en el plano que no vemos para que tu llamado se lleve a cabo en el plano físico. De esta manera reconoces que lo deseado también te desea a ti, y el Wu Wei permite el encuentro.

Existen dos ingredientes muy importantes para salir al mundo con la práctica del Wu Wei: el primero es la atención que nos brinda la capacidad de observar en el mundo las posibilidades presentes en todo momento; se refiere específicamente a la capacidad de ver y generar oportunidades, coincidencias, mensajes para propiciar la energía que va en dirección de nuestro llamado. El segundo es la intención que genera la tracción necesaria para moldear las circunstancias, con el fin de que se conviertan energéticamente en caminos para nuestro ser.

Para que observes cómo funciona esto en todo momento, te pido que pauses la lectura y pienses en algo que se llevó a cabo en tu vida justo cuando lo soltaste. Recuerda cómo conquistaste algo a través de una casualidad, cómo el punto en el que estás ahora en tu vida o el de mayor plenitud se dio por una coincidencia o porque seguiste un llamado o una corazonada. Enaltece la idea de que normalmente los saltos cuánticos, o sea, las conquistas que parecen milagrosas, suceden sin hacer nada, al ser una persona que confía y abre nuevas posibilidades y su actuar es solo una extensión de esto.

Te invito a que, antes de seguir, pongas en papel al menos cinco episodios en tu vida que surgieron a partir del Wu Wei, hacer sin hacer…

1) ____

2) ____

3) ____

4) ____

5) ____

Pero ojo: cuando ignoramos nuestros llamados, nos convencemos día a día de que lo que vivimos es lo único posible y bloqueamos la posibilidad de una vida abundante y placentera. Quizás tu llamado sea dejar una relación, cambiar de trabajo o permitirte hacer algo que hoy suena imposible o ridículo para otros y, hasta ahora, te has frenado por esa creencia.

> Sé consciente de que el valor de la "no acción" es una acción muy poderosa.

Cuando actúes debes tener presente que tus acciones no hayan sido producidas por el miedo, ya que no serían acciones, sino reacciones, y esto nos aleja del Wu Wei. La acción o no acción se engrana en nosotros cuando sabemos que el universo trabaja a favor de nuestras intenciones, que no tenemos que hacerlo todo, que al estar claros en nuestra contribución tenemos muchos recursos a nuestro favor para conquistar la vida.

Ten en mente que tu imaginación es tu mejor aliada, pues es la antesala de la creación. Primero vemos y sentimos algo en el interior, y esto termina por impregnarse en el plano físico. Usa tu visión interna y actúa sobre tu intuición. Esto hará tu vida eficiente y trascendental sin un esfuerzo aparente.

> Ten clara tu intención detrás de tus acciones.

El universo es cambio continuo y todas las situaciones pasan de la inestabilidad a la estabilidad y viceversa. Debemos hacer las paces con esto, no buscar la estabilidad, sino la serenidad ante los cambios. Antes de actuar en el exterior, de acuerdo con el Wu Wei, es mejor asentar nuestro interior, habitarnos del todo, ser selectivos con el conflicto y evaluar si es apto intervenir en alguna situación si vemos que es imperioso hacerlo, será desde la justa medida y con un corazón en paz. Probablemente sea necesario realizar trabajo interior antes de hacer cualquier tipo de intromisión, para actuar bajo la guía del Tao, con serenidad, escucha, curiosidad y paciencia.

A veces la vida nos pide entrar en algo que percibimos como conflicto o lucha, y probablemente nos preguntamos desde estas enseñanzas cuándo se justifica luchar y cómo:

- A veces lo sentimos como el cumplimiento de un deber como miembros de una sociedad que requiere un mayor equilibrio. Pero recuerda lo que decía la madre Teresa: "Invítame a luchar a favor de la paz y no en contra de la guerra". Siempre ponte en el lado que traerá mayor consciencia y evolución al desenlace.
- Sostener la justicia: la lucha puede ser necesaria para equilibrar la justicia y dar voz a quién ha sido acallado; es abrirnos a brindar posibilidades a otros si está en nuestro poder hacerlo.

Cuando nos encontramos en una situación en la que los actos de otros nos afectan en cierta medida, debemos tener en mente los siguientes principios clave:

- No apego: actuar sin apego al ego; no usar esto para mantener conversaciones dramáticas, confiar en los resultados y sin egoísmo.
- Conciencia de que la Verdad o Sattva te alinean con un orden: actuar con conciencia de que lo amoroso es más poderoso que la falsedad o el ego. La consciencia te guía a la acción del bien mayor.
- Autoconocimiento: entender la verdadera naturaleza del ser y la realidad última, para saber quién eres frente a la lucha en cuanto a tus virtudes.

Al vivir bajo el mandato del Wu Wei, compruebas en ese hacer sin hacer, eliminas el ataque y no vives a la defensiva; desplazas la intimidación de forzar; vas a favor de lo natural, de la inteligencia que nos guía, y así dejas a un lado la confusión, las dudas, lo dramático o lo exagerado, y confías en cada paso aunque ahora no sientas claridad del resultado. Esto es el arte de vivir y de hacer de nuestra vida un legado de mayor manifestación cuando vivimos experiencias que nos confrontan o confunden.

Al pensar en esto, para mí tiene sentido la frase: "Hágase tu voluntad tanto en la Tierra como en el Cielo". Me habla de que somos los creadores y dentro de nosotros vive un cielo, un paraíso, pero nuestra voluntad se ve reflejada en la Tierra. Podemos vivir el Cielo en la Tierra, o experimentar una vida con una mente dura y compleja que se refleja en nuestro entorno y en nuestros retos, y eso dependerá de nosotros.

Reflexiona o escribe sobre lo que esta frase de Zhuangzi significa para ti: "Fluye con lo que aparezca, permite a tu mente ser libre, mantente centrado al aceptar lo que haces y eres ahora, esto es lo sublime".

Capítulo 9

Erramos en nuestra percepción

Hace tiempo leí dos libros que cambiaron mi perspectiva acerca de mis recuerdos: uno de ellos es *Being Wrong* de Kathryn Schulz, y el otro, *Mistakes Were Made*, de Carol Tavris. A través de varios experimentos, en ellos se expone lo poco que nos podemos fiar de nuestras memorias o recuerdos. Estos textos nos describen, desde dos diferentes perspectivas, cómo el cerebro repara, sustituye, acomoda o reemplaza lo vivido para adaptarse a su sistema de creencias y a determinadas emociones recurrentes. En psicología esto recibe el nombre de *paramnesia* y se refiere a distorsiones o errores en los recuerdos que pueden incluir la creación de recuerdos falsos o la sustitución de memorias verdaderas por otras que el individuo cree reales, sin ser consciente de la alteración.

Es importante destacar que estas distorsiones de la memoria son involuntarias y no se trata de mentiras conscientes, sino de errores que ocurren durante el almacenamiento, recuperación o reconstrucción de la información sostenida.

Por ello, a veces, incluso creamos recuerdos con vivencias que ni siquiera fueron nuestras. En estos libros se detallan estudios científicos en los que implantaron memorias falsas en niños, que al llegar a la adultez asumen que los vivieron, cuando en verdad no fue así, pero se quedan con la resaca de aparentemente haber tenido ese "trauma".

Los libros también hablan de que en ocasiones nuestros recuerdos están completamente fuera de los hechos reales, aun cuando nosotros podríamos apostar un brazo de que estamos en lo correcto. Y es que asumimos los recuerdos como la verdad absoluta, y muchos tejemos nuestra identidad o justificamos quiénes somos y lo que es posible, o no, por lo que creemos recordar. No reparamos en que a veces el cerebro ha reemplazado memorias por algunas escenas vistas incluso en la televisión, o que le ocurrieron a otra persona. Otra manera en que se genera la paramnesia es repitiendo una historia y añadirle detalles hasta el punto que termina por distorsionarse y nos quedamos con una narrativa completamente ajena a lo sucedido, pero que de alguna forma nos funciona para desempeñar un rol de victimización o una excusa para mantener una identidad.

Todo esto, como mencioné, sucede de forma inconsciente, por lo cual es imperativo no fijar quiénes creemos ser en la raíz de una memoria, sino desterrar esto de nuestra mente y liberarnos en el ahora, con el fin de abrazar todas las posibilidades existentes para cada uno en el presente.

Reflexiona en ti y en los que te rodean, contempla cuántos construimos una identidad a partir de lo que creemos que fue. Muchos vivimos atados a historias del pasado que en su mayoría no son la única la verdad.

A partir de esto te invito a darle valor a vaciar la mente, a quedarte con un estado de expansión de lo vivido, con un corazón suave, con la posibilidad de vivir con ojos nuevos e inocentes en este momento, con el fin de vivir en presencia y estar plenamente en tu experiencia de vida. Recuerda que en la respuesta *no sé*, la mente se remonta a su posición más elevada. Así vive abierta al todo.

> ¿Qué tanto te rige la exigencia? ¿Das valor
> a detenerte, al silencio?

Integra hábitos diarios que le comuniquen a tu cuerpo un estado alegre, pacífico, restaurativo y de profundo equilibrio. Siéntate en silencio al menos diez minutos al día, ya sea meditando, escuchando música, tomando un café o té, o sal a caminar sin rumbo definido, contempla el vivir.

En este espacio crea nuevas visiones de lo que es posible, trae oxígeno a tu vida, invita a la creatividad, a la intuición y a la sabiduría como tus grandes recursos, y deja que sustituyan a tus prejuicios, memorias o miedos que cargues por el futuro.

Abre la puerta a la profunda felicidad sin motivo, como una extensión de la inocencia con la que nacimos, la que nos conecta con el niño que vive en nosotros. Esto aborda el camino directo a un entendimiento mayor, a la sabiduría, a la libertad del sufrimiento y al contacto directo con el origen, de la mano del deleite mismo.

Piensa que si hoy, en tú día a día, no das valor al descanso mental, físico y espiritual, si no paras, no meditas, no contemplas, no haces caminatas de silencio, seguramente tu mente va por todos lados y no hay claridad en ti. No hay intenciones profundas que te lleven a vivir en libertad interior.

Elige alguna de las siguientes prácticas para incluirlas en tu vida, a fin de abrir un camino que te permita soltar el apego al plano físico, ese que nos tiene a tantos tan adormecidos y mecanizados. Entendamos que la mente por naturaleza es dispersa, va y viene; esto es inevitable, por ello requiere entrenamiento. Solo diez minutos al día vacía tu mente de la identificación de lo que sucede ahora en tu vida, de las historias y pensamientos incesantes.

Concéntrate en tu respiración, con un agradecimiento profundo, mantente presente, observa el día, lo que hay alrededor de ti, escucha música, disfruta tu café, hazlo despacio. Esta es la vida, no en un antes y no en un porvenir. Recibe tu vida este momento, eso es lo más poderoso. Estar.

Capítulo 10

Cada instante es la vida

Los aprendices de las enseñanzas zen normalmente pasan dos años estudiando de manera intensiva, no solo la filosofía, sino la manera de vivir en congruencia. Todo esto antes de que puedan comenzar a instruir.

Un estudiante llamado Teno, al concluir sus aprendizajes iniciales, estaba a punto de comenzar a tener a sus primeros alumnos y, antes de esto, pasó a visitar a su maestro para contarle lo satisfecho que se sentía y pedirle su bendición.

El día estaba lluvioso, así que Teno cargaba un paraguas. Al llegar, tocó la puerta con suavidad y el maestro, con una sonrisa en sus ojos, asintió con la cabeza honrando la visita del estudiante e invitándolo a pasar. Teno, con profundo respeto, también bajó la cabeza y tocó su corazón con la mano. Cerró el paraguas y lo colocó en el piso, después se retiró los zapatos antes de entrar a la pequeña vivienda del maestro.

Ya dentro, pasaron a un cuarto, con un techo especialmente bajo, en donde entraba la brisa por una única ventana cuadrada. El maestro lo invitó a sentarse frente a él. Pasaron unos minutos en silencio, tras los cuales el maestro le preguntó a Teno: "¿Recuerdas de qué lado de tus zapatos dejaste tu sombrilla fuera de la casa, del derecho o del izquierdo?".

Teno no pudo contestar con absoluta certeza. Se dio cuenta en ese momento de que todavía no había desarrollado la habilidad de reconocer que la vida es cada instante. Decidió seguir como estudiante del maestro por seis años más, hasta que conquistó la conciencia de estar atento en cada momento presente.

El ego usa el tiempo solo como un medio para lograr un fin, por lo que desplaza tu atención del momento presente, enfocando tu mente a la siguiente vivencia, expectativa o anhelo. Esto hace que el ahora no se habite, porque se le considera, desde esta percepción, como una transición a algo más importante. Es por ello que el día a día o el tiempo "ordinario" no parezca ser la vida.

Pregúntate...

¿Cómo te relacionas con el tiempo, en presencia?
¿Lo tiene acaparado tu ego o lo vives
con aprecio?

Conquistar la relación con el tiempo, la mente y, por último, la vida es todo un arte, y más cuando deseamos realmente vivir en presencia, atentos y sumergidos en cuerpo y corazón en la vida. Me gustaría que te tomes un espacio del día de hoy sin distractores, te sirvas un té y dediques tu presencia a las siguientes reflexiones de los grandes maestros. Hazlo como lo haría Teno, dejando todo fuera y absorbiendo estos pensamientos y sus enseñanzas para que el conocimiento no sea intelectualizado, sino vivido y experimentado...

Ahora te invito a reflexionar cómo podrías aplicar estas enseñanzas en algo específico que vivas hoy…

"¿Podrías mantenerte inmóvil hasta que la acción correcta surja por sí misma? El maestro no busca satisfactores. Al no buscar y no esperar, está presente y así le puede dar la bienvenida a todo".

LAO TZU

"Soy como un tonto, mi mente está vacía".

LAO TZU

"No saber es el verdadero conocimiento".

LAO TZU

"El sonido del agua dice lo que pienso".

ZHUANGZI

"Medita… no lo retrases, más tarde te arrepentirás".

BUDA

"Diligentemente entrénate a habitar en paz".

BUDA

"Conquistarse a uno mismo es la mayor victoria, más que ganar mil batallas".

BUDA

Cómo vives...

El vago se abre camino en la vida de los vicios, erra en su manera de vivir, se aleja del camino de la Verdad porque no asume hábitos que permiten revelaciones interiores importantes, unas que le brindan expansión interior.

Se aleja de reconocer el gran potencial intrínseco. A veces vive con infinitos distractores por sentir que el exterior debe llenar las incesantes presunciones del ego. Esto genera gran confusión, y a veces nos lleva a caminar por senderos amorales, nos separamos de lo honesto en el camino que nos sostiene en nuestra integridad.

¿Te ha pasado que buscas en el mundo de las ilusiones exteriores lo que solo encuentras en tu interior?

Al vaciar la mente, al vivir libres, la flexibilidad de la mente es un tesoro que fomentar. Al honrar las virtudes del ser humano que nos acompañan, como la honestidad, la lealtad, la puntualidad, la honorabilidad, el respeto, etcétera, reconocemos cómo nos edificamos en el verdadero poder, no el que busca el ego —que por definición es el dominio de algo exterior—, sino el poder que se vive desde la humildad, el silencioso que habla de la conquista de la elegancia interna de honrarse a uno mismo y a la vida. El que se transmite en la dulce presencia, como la que cultivó durante años Teno, la gran congruencia con las enseñanzas.

Nos volvemos milagrosos cuando reconocemos que podemos conquistar cualquier obstáculo del exterior. Y ese ya no es el mayor reto, sino vivirlo desde la presencia magna.

Si aplicas el respeto a tu vida diaria, la motivación que emana del amor por vivir te abrirá la ruta para conquistar la vida de tus sueños. Debes ser altamente disciplinado en mantenerte alineado a tu poder interior, frente a todos los aspectos de tu vida, con el fin de que exista una congruencia prevalente ante las vivencias.

Al vivir siendo uno con la Verdad, encuentras una pasión continua y la determinación por vivir que te llevarán a florecer inevitablemente.

Hoy comienza por alimentarte con comida que te nutra, que esté cargada de vida; diseña una rutina que hable del amor por crear. Corta distractores como la televisión, las redes sociales, las compras, la vida social o los vicios.

Al principio lo puedes sentir como algo desconcertante, por estar tan acostumbrado a distraerte fácilmente, porque dependes de ciertos hábitos como una adicción, pero poco a poco verás cómo el hecho de sustituirlos cambia tu vida radicalmente.

Reflexiona en lo siguiente para que se asiente el gran vivir en ti. Piensa qué te dicen de ti estos pensamientos y cómo aplican en tu semana:

"Tú solo puedes florecer, el Buda solo
te indica el camino".

BUDA

"El sabio es disciplinado en cuerpo, en palabra y en mente. Están verdaderamente alineados".

BUDA

Si en este momento te encuentras en una situación que no sabes cómo resolver, si sientes conflicto interior, angustia, tristeza, depresión o confusión y no sabes cuál es la verdad de esta circunstancia, si ahora no sabes qué paso tomar y todo lo leído te suena bello, pero utópico, quiero decirte que antes que nada debes reconocer que la salida a tu dilema o estado de ánimo ya existe en ti, que tú tienes las respuestas.

Tú tienes la capacidad de vivirte a ti y a la vida desde la elección, y esto es lo que nos hace conscientes. Puedes utilizar lo que vives para conocerte, para ver dónde tienes puestas tus resistencias, cuáles son las creencias que te causan miedo, tristeza o frustración. Utiliza la vida y sus circunstancias a tu favor, con el fin de romper esas estructuras que no te permiten ver salidas. Ante los retos, conviértete en el testigo que observa a distancia, con el fin de no meterte en el nudo y mantenerte claro.

Antes que nada, abraza lo que vives ahora, recíbelo, aunque te desagrade o enoje. Camina con las vivencias, no necesitas nueva información o saber más para conquistar algo. Solo debes permitir que la solución surja de ti, e irá de la mano de la paz y el amor. La vida es un espejo, y en donde existe resistencia radica el ego. Al aligerarse todo toma un orden nuevo. Irónicamente, en la mayoría de las ocasiones se deshace el nudo sin que se tenga que cambiar nada fuera; lo veo una y otra vez cuando doy sesiones a otros. Mi querida maestra Byron Katie dice: "Para que haya claridad en una relación solo uno debe estar en paz, eso es suficiente".

> Todo el conocimiento que realmente importa, toda la sabiduría y las respuestas están ahora contigo.

Vacía tu mente de memorias, de reclamos, de argumentos interiores, déjalos ir. Porque la conversación con la que te peleas es el mundo de tu imaginación luchando por dentro. Cualquier preconcepción, prejuicio o reclamo te bloquea de la Verdad, desapégate.

Ahora toma diez minutos de absoluta consciencia, de elección. Pregúntate cuál es la respuesta que le darías a esta situación. Cómo quieres responder si quieres ser congruente con tu presencia magna.

Permite que surja la voz que te guía, la que llevas dentro, la que siempre te ha acompañado, la que susurra con dulzura; permite que esta aclare tu camino en los encuentros que estableces contigo.

Te hablará con una resolución alineada con la conciliación interior, con el respeto, con la comprensión. Verás la enseñanza al ceder el paso, aprenderás más de las vivencias de lo que crees posible cuando tu postura sea de humildad.

Nada de esto se puede ver como real cuando operas desde el ego y la creencia de que eres tus circunstancias. No podemos encontrar soluciones desde el nivel del problema…

En el mundo de la separación que crea la percepción solo se aprecia "el problema" y sus evidencias. Es en un orden más sublime de la mirada interna cuando nos alineamos con la armonía de lo que nos libera, y al elevar la postura las resoluciones se revelan para nosotros. Es la Verdad no concebida por los ojos terrenales.

Sabes que has encontrado la respuesta cuando va de la mano de la contribución a ti o a otros, es una que suma y no que resta. Es una que enseña a ti y a otros cómo vivir desde lo más alto de la dignidad humana.

La mente adormecida no hace uso de la Verdad o Sattva, porque está entretejida en las sombras del ego, en falsas identidades sostenidas por la confusión, que encadenan interminables conceptos, etiquetas, discriminaciones, y todo está atado al cuerpo emocional alterado, que es hoy en día una manera tan común de existir.

Para entrar en el territorio de la Verdad, vive por un tiempo en la mente que no sabe, aprecia el mundo de manera inocente, como la primera vez, olvida lo aprendido, renueva tu respiración.

Sé honesto contigo. Sé auténtico. Descubre la verdad de cada situación que vives y que has vivido, una que está más allá de lo percibido. Recuerda que al final solo perdonas percepciones erróneas que condenan las memorias de un pasado que hoy ya no existe, pero que utilizamos de manera psicológica con el fin de atacar constantemente el momento presente.

Capítulo 11

Ah, sí...

Un maestro zen vivía en un pueblo en el que era respetado por todos los habitantes, porque residían en él invaluables virtudes.

Unos vecinos cercanos al maestro zen tenían una hija adolescente. Y un buen día los padres descubrieron que la chica estaba embarazada. Demandaron, enojados, saber quién era el padre. Con el tiempo, la niña les dijo a sus papás que era del maestro zen.

Los padres furiosos fueron a confrontarlo, lo acusaron y lo insultaron. Y todo lo que el maestro zen dijo fue: "Ah, sí...".

Los padres fueron por todo el pueblo culpándolo, pusieron en duda su reputación. Cuando se corrió la voz y se enteró de esto el maestro zen todo lo que dijo fue: "Ah, sí...".

Pasaron los meses y nació el bebé, los padres llevaron al niño con el maestro zen diciéndole que lo moralmente correcto era que él se responsabilizara del cuidado del niño, a lo que el maestro respondió: "Ah, sí...". Tomó al niño entre sus manos y lo cuidó con mucho amor.

Cuando el bebé cumplió un año, la mamá no aguantó más y confesó a sus padres que el padre del niño no era el maestro zen, sino el hijo del carnicero.

Entonces los padres fueron a la casa del maestro zen a rogar por su perdón y a pedirle al niño de regreso para entregárselo a la madre, ya que se iba a casar con el muchacho. El maestro zen con profunda paz en su corazón les entrego al bebé y solo dijo: "Ah, sí...".

En ocasiones la vida nos sorprende con experiencias que no podemos explicar; a veces queremos defender una reputación o no hacernos cargo de una responsabilidad que consideramos que no nos corresponde, o vivimos situaciones que creemos injustas y sumamente dolorosas. Y es que la vida es un ramillete de todo.

Lo terrenal y lo espiritual suceden de manera simultánea. No es solo lo que creemos que sucede a simple vista. Es lo que se vive en el plano material que, a su vez, tiene una dimensión profunda, moviendo el plano de la consciencia. Por ello, reaccionar a lo que vemos con ojos físicos y al significado que da la mente, deja fuera todo el rubro que también se vive en las experiencias. Así, nuestro esquema de la realidad deja de presentarse de manera adversa o propensa, y comienza a manifestarse tal cual es, sin un patrón valorativo que nos desgaste.

Los grandes maestros lo explican así...

"Si el ser humano domina su mente, podría encontrar el camino a la iluminación, y a toda la sabiduría y las virtudes que viven naturalmente en él".

BUDA

"Sin ver fuera de tu ventana puedes ver la esencia del Tao, cuanto más sabes, menos entiendes".

LAO TZU

"En el anhelo al conocimiento, todos los días
se suma algo. En la práctica del Tao, todos los días se
suelta algo".

LAO TZU

"A una mente serena, el universo hace
reverencia".

ZHUANGZI

"Si te observas y usas tu ojo interno, tu escucha
interna, para atravesar el corazón de todo, no
requieres tanto conocimiento intelectual".

ZHUANGZI

"Solo tienes que descansar en la no acción y las
cosas se transformarán. Deshaz tu forma y tu cuerpo,
desprende tu escucha y tu mirada, olvídate de ser
parte de otras cosas, y así podrás unirte con lo
profundo y lo ilimitado".

ZHUANGZI

¿Te resonó alguno de estos pensamientos para ponerlo en práctica hoy?

El olvido de ti está en proporción directa con el amor que puedes ofrecer en este momento a la vida. Para conquistar esa presencia magnánima, comienza por cuestionarte: ¿cuánto te conoces? ¿Cuánto tiempo dedicas a ordenar tus pensamientos, a poner tus ideas en paz?

Hoy reflexiona en cómo describirías la relación con tus pensamientos, porque nuestra relación con ellos es muy relativa, puede ser visceral o ideológica, consciente o inconsciente; son tan volátiles y sagaces que en un microsegundo, sin detectarlo, estamos una vez más sumergidos en patrones repetitivos de narrativas destructivas y farsantes. La mayoría de ellas enredan nuestro cuerpo emocional, nublan nuestra percepción y limitan nuestra capacidad de ver el momento presente fresco e inocente.

Por ello haz de la escritura un aliado, escribe lo que piensas, identifica tus narrativas internas, cambia tus historias, cuestiónalas, deshaz tus perspectivas fijas. No importa si crees que no sabes escribir, hazlo como un método de purgación, de autobservación, de limpieza. Crea un espejo de tu interior con el fin de llevar la luz a todos aquellos puntos ciegos sobre los que operas, que no son puramente funcionales para la sencillez en la que uno habita.

Escribir es una buena manera de identificar el origen de tus miedos, resistencias y reacciones. Al ver en papel lo que sucede en tu mente, podrías observar tus cuentos irracionales, las exigencias de tu ego, los reclamos incesantes. Al ponerlos en papel se hace evidente lo inútil de estas conversaciones, la mayoría de ellas ilusorias y exaltantes del ego mismo.

No olvides que dentro de ti vive un genio de infinita creatividad, que tiene la capacidad de resolver de una manera clara y sencilla aquello que da vueltas en tu mente. Atrévete a acceder a tu inteligencia innata. Al cerrar los ojos unos minutos al día en contemplación, en meditación o en una caminata, crea un nuevo concepto de ti, renace a la verdad de quien eres.

Afortunado es el que reconoce que carga el tesoro del poder que lleva dentro. Sin duda, el intelecto tiene un potencial importante, pero en un nivel más profundo radica nuestra genialidad, la que en verdad puede revelarte el entendimiento de lo que no se aprecia en la superficie. Dentro de ti están todas las respuestas a las grandes preguntas que gobiernan esta vida, pues lo que vives hoy no es ajeno a lo que han tenido que trascender muchos seres humanos a lo largo de la historia, y tú tienes acceso a su conocimiento por medio del inconsciente colectivo. Según Carl Gustav Jung, este es una capa de la psique humana que contiene experiencias y símbolos compartidos por toda la humanidad, transmitidos de generación en generación.

Es distinto del inconsciente personal, que es único para cada individuo. Jung nos indica que este inconsciente colectivo influye en nuestros pensamientos, sentimientos y comportamientos, y se manifiesta en mitos, símbolos y sueños universales. Los seres humanos que han vivido experiencias similares a las tuyas y las han trascendido mediante el perdón, la sabiduría y la inteligencia espiritual, han dejado sus respuestas accesibles para ti. Las vivencias y la vida se repiten para la humanidad. Friedrich Nietzsche nos habla acerca de esto en su teoría del eterno retorno, un concepto circular de la historia o sus acontecimientos; el filósofo alemán nos dice que la historia debe apreciarse o entenderse no de manera lineal, sino cíclica.

Una vez cumplido un ciclo de hechos, estos vuelven a ocurrir con otras circunstancias similares que despiertan reacciones parecidas en nosotros; por lo tanto, utilizamos lo vivido para conocer quiénes hemos decidido ser frente a lo vivido una y otra vez. Solo a través de la comprensión de la existencia del "eterno retorno", como estado de trance en el que vivimos, despertaremos a lo que Nietzsche llama el superhombre (*Übermensch*), latente en cada uno de nosotros. Este concepto no se refiere a un ser con poderes sobrehumanos o sobrenaturales, ni por su físico o por su dominio sobre otros, sino más bien a un individuo que ha trascendido los establecimientos y las limitaciones convencionales de la sociedad.

Las características del superhombre son:

- Autonomía: es dueño de sí mismo, no depende de la exigencia o las expectativas sociales.
- Creatividad: es un creador de valores y significados, no simplemente un receptor de ellos.
- Voluntad de poder: tiene una fuerte voluntad de poder y autoafirmación, que lo impulsan a trascender sus propias limitaciones y a responsabilizarse de su camino.
- Aceptación del eterno retorno: acepta y afirma la vida en todas sus facetas, incluyendo la muerte, y está dispuesto a vivirla de nuevo eternamente, plasmando bienestar y benevolencia.

Para practicar esto debemos salir del adoctrinamiento que muchos habitamos sin saberlo. Y no se trata de conseguir el objetivo de ser feliz o mejor, eso viene por añadidura, sino de saber realmente quién eres más allá de este cuerpo y esta vida que trascurre para ti. Es estar en paz contigo, eso es lo que debe comprenderse: morar la armonía presente en el estar, y en esto consiste despertar a tu *superhombre*, por lo que es imprescindible obrar en nuestra vida de tal modo que un horizonte de infinitos retornos no nos intimide. Es elegir relacionarnos con la vida de tal manera que, si tuviéramos que volver a vivir algún evento, pudiéramos hacerlo sin temor y con absoluta dignidad.

Nietzsche, en su teoría del eterno retorno, enseña solo una cosa: el ser humano se transformará en el *Übermensch* (superhombre) cuando viva sin ser gobernado por sus miedos y, por consiguiente, amar la vida para así desear ese eterno retorno.

Una pregunta que debe acompañarnos a cada paso a partir de estas reflexiones es: ¿cómo se transformaría el concepto que tienes de ti mismo si modificaras la narrativa que tienes de ti en cada situación vivida?

Vamos a decir que te contaste algo desde el sufrimiento y ejerciste un rol pequeño frente a una experiencia; puede ser una situación muy compleja como un abuso, o algo más trivial como terminar una relación. Qué tal que aquello que experimentaste como un personaje secundario —que vivió o vive en función de lo que le hacen o dicen otros personajes de "mayor peso" en su historia— hoy pudieras vivirlo como el protagonista de tu vida, como una persona que recibe el desafío y lo toma como una situación más, una que le sirve para fortalecer su sendero interior y el concepto digno de sí mismo.

Si estuvieras al final del camino de esta vida, probablemente querrías dejar un legado de generosidad, haber aprendido la capacidad de perdonar en cada instante, siendo cada vez más práctico, inclusive desapegado de lo vivido, como alguien que se sacude las vivencias y declara: "Esto es lo que viví, y puedo con ello; como todo ser humano estoy expuesto a situaciones en este plano terrenal, pero yo haré de ellas algo que apoye a mi propia evolución". Entonces estaríamos más cerca de tocar al superhombre del que nos habla Nietzsche.

Para acceder a este poder crudo, innato, sólido y trascendental que vive en ti, debes pararte firme, abrir tu pecho, cerrar tus ojos, liberar tu mente y saberte el dueño y señor de tu vida. Vivir con el corazón en expansión a tu soberanía pura.

Enfócate en tu mayor intención, no importa cómo te sientas, si es con ansiedad, miedo, o inseguridad: regresa a ti y respira profundo, alinéate con la confianza, la libertad, la ligereza… conecta con ellas.

> Toma una hoja de papel y escribe con detalle todo lo que quieres para tu vida. Enfócate, despierta al poder creador que tienes, reconoce que eres parte de un poder más profundo que vive en ti y para ti. Al escribir, hazlo reflexionando en lo siguiente:
>
> "El Tao también es llamado la Gran Madre: vacío inagotable, da nacimiento a mundos infinitos. Siempre está presente en ti. Lo puedes usar de la manera que te plazca".
>
> LAO TZU
>
> "Olvida los años, olvida las distinciones, haz un salto a lo ilimitado y haz de este tu hogar".
>
> ZHUANGZI

La persona que vive adormecida comprueba todo a través de sus cinco sentidos. Su vida está en función de lo que puede comprobar por medio de lo que ve, siente o evidencia, mediante su sistema de creencias, de dogmas preestablecidos y heredados. El que despierta ya no se pierde en las ilusiones de lo aparente. Ya no comprueba. Sabe. *Ya no duda de sí mismo, porque reconoce que él es el todo.*

Conecta con esta reflexión:

> "Estoy asombrado por mis poderes. El universo aparece en mí, pero no puedo tocarlo".
>
> *ASHTAVAKRA GITA*

Ahora bien, es radical ser compasivo con tus fallas, con tus cegueras o tus limitaciones o te quedarás atrapado en la exigencia y no encontrarás la comprensión. Es llevar lo que aprendes a la práctica, en donde acierto y error son lo esperado y donde errar es lo común. Vuélvete generoso hacia ti y hacia la vida, sírvela en cada momento.

No diluyas tu energía vital en reclamos, en juzgarte o en reclamarte, abraza tu humanidad y vuelve a tu centro. Elige de nuevo cuando te salgas de la dirección deseada, sin mayor argumento. Examina qué tanto haces en tus días por sentir que eso te da valor, porque esto a la larga acabará con tu energía vital. Mejor aprende a ser constante, enfocado en lo que te inspira. Encuentra lo que llena tu corazón y permite que esto te nutra. Si vives una vida al servicio de otros, en realidad vivirás una vida al servicio de tu ser, porque el otro está ahí para que tú puedas mostrar tu generosidad, tu amor por dar. Servir es paradójicamente servicio puro a uno mismo. Dar es darnos.

Si eres espontáneo te sentirás motivado, la disciplina será

natural y vivirás contento por lo que haces. Dar resultados será una consecuencia, no un objetivo. Para esto es primordial que reconozcas en todo momento tu libre albedrío, úsalo. Cree en todo momento que eres capaz de forjar tu propio camino más allá de los obstáculos que crees ver. Si no haces esto, no tomarás las riendas de tu vida, y cada reto será una oportunidad para culpar al exterior.

Recuerda que la culpa y el juicio siempre van juntos, culpar viene de proyectar tus juicios en el mundo y no hacer el trabajo interior de volver a la inocencia de ti y de otros. Tu vida está en tus manos. Tu futuro será vivido como tú decidas. Cuando las circunstancias no parecen estar a tu favor, regresa a ti, a tu poder de decidir tu visión, a labrar tu propio camino de una manera creativa. Enfoca tu mente y vuelve a la libertad mental, ahí encontrarás la ruta que sobrepase cada obstáculo. Utilízate como un instrumento de inocencia y transformación.

Hoy reflexiona en estos pensamientos:

"Eres lo que piensas, si piensas que eres libre, eres libre. Si piensas que estás limitado, vivirás limitado".

Ashtavakra Gita

"Somos lo que pensamos. Con nuestros pensamientos, creamos el mundo".

Buda

Capítulo 12

Del miedo a la claridad

No esperes que al estar sostenidos en el ego reconozcamos de manera natural las limitaciones que nos gobiernan, ni que se hagan cambios importantes de bienestar en la manera de ser. La mayoría de nosotros somos inmaduros y vivimos cegados ante nuestras miopías y errores; cada uno de nosotros es diestro en detectar las fallas en los otros, pero altamente ciego en las de uno mismo.

Te voy a poner un ejemplo común: la mayoría de nosotros tenemos la necesidad de justificar nuestras fallas y acomodar la narrativa de los eventos de nuestra vida para salir ilesos o convertirnos en la víctima de otros. A muchos nos cuesta trabajo cuestionar nuestras historias y vivir simplemente en relación con los hechos, tomar absoluta responsabilidad de nuestras fallas o cegueras porque nos es duro darnos cuenta de que a veces lastimamos o erramos de maneras inconcebibles para nosotros.

Quizá mentiste, fuiste infiel, tomaste algo que no te correspondía, no hiciste una labor de manera eficiente, no cumpliste tu palabra, abusaste de la confianza de otro, no cumpliste una responsabilidad o le fallaste a alguien cuando realmente te necesitaba…

Hay muchas maneras en que operamos que no están a la altura de quien quisiéramos ser, y al vivirlo es poco común que la persona diga: "Aquí estoy abierta a escuchar en qué fallé, quiero aprender, te pido una disculpa de corazón, me hago responsable y te pido que me digas de qué manera puedo reparar hoy lo que no pude dar o hacer".

Lo usual es escuchar: "No fue mi culpa" o una justificación para eximirse de la responsabilidad y culpar a otro, enojarse, dejar de hablar, victimizarse y hasta atacar con críticas o juicios duros para cubrir las fallas.

Cuando el ser humano está regido por el ego, lo habitual es que se comporte aniñado, peleonero, cerrado, ignorante, egoísta, amargado, resentido, enojado, vanidoso, controlador, manipulador, superficial, pesimista, conformista, desleal, negativo, inmoral, depresivo, ansioso y mal comunicador.

La mayoría lidiamos con altibajos emocionales cuando operamos en los ámbitos mencionados, y es común que una persona que vive inmersa en ello dé una cara amable en un momento, pero cuando no recibe lo que quiere cambia inmediatamente, y es que su decepción toca una de las creencias limitantes que carga, y se relaciona con el exterior a través de ellas. La mayoría de las personas no quieren ser malas, pero muchas operan desde el ego y por eso las reacciones terminan siendo disfuncionales.

Al estar sumergidos en el ego, hacemos de las personas objetos que satisfagan necesidades que creemos tener, y esto nos vuelve complacientes cuando le vemos un valor a otro ser humano. Al relacionarnos, somos alegres y generosos, pero de manera condicionada, porque si ya no se le ve valor a esa persona por alguna razón, rápidamente se retira la conexión, la ignoramos e, incluso, llegamos a criticarla.

En ocasiones, al no tener interés en los demás, actuamos de manera egoísta y nos volvemos poco empáticos ante la tristeza o los retos ajenos. Pensamos: Ese no es mi tema y seguimos. Esto ha creado un mundo individualista, poco cooperativo, en el que muchas personas se aíslan, cuando en verdad el ser humano vive en función de los vínculos, no de la dependencia desde el ego, sino desde la colaboración. La verdad de hoy es que por fomentar la inmadurez como humanidad estamos inmersos en una locura colectiva.

La confusión en la que vivimos puede ser muy reveladora de cada uno de nosotros, a tal punto que muchos no queremos escucharla. La mayoría vivimos aparentemente cómodos y solo mantenemos nexos y charlas con aquellos que comulgan con nuestro esquema mental, aunque este radique en la ignorancia. Pocos nos atrevemos a ser confrontados. Es de valientes bajar la guardia y escuchar que hemos sido autoengañados. Las personas estamos tan acostumbradas a vivir separadas de nuestra Verdad o de quienes somos realmente que se han normalizado la depresión, la angustia, la culpa y las manías, que nos retiran la capacidad de amar y ser plenos, que es lo que requiere una mente abierta.

Cualquier intento de exponer la Verdad alineada con un estado de conciencia de paz, de amor, de aceptación, en ocasiones, es considerado una amenaza para quien ha cerrado su mundo con sus relatos mentales, e incluso puede despertar sentimientos de furia, de enojo o de repudio al ofrecer un replanteamiento.

He visto tanto en lo personal como en lo laboral que cuanto más creemos nuestra historia y más queremos defender una postura, aunque sea errónea, más nos cerramos al diálogo. Tengo varios ejemplos de personas que cometieron algún fraude, tomaron algo que no les pertenecía, mintieron o faltaron a su palabra, y la mente comienza el juego de la distorsión. Ellas empiezan a manipular de tal manera la narrativa que quedan justificadas de los hechos, por lo que cualquier confrontación con la verdad queda nulificada. Cuando ya no te permites la confrontación y no puedes escuchar un replanteamiento, estás errando en vivir a la defensiva, y este es territorio del ego y no de la consciencia.

Podemos ver cuánto está alineada una persona con la verdad de sí misma en circunstancias como el éxito, la adversidad, una enfermedad o un conflicto.

Cuando las personas están centradas en su ego, este crea un escudo, una actitud defensiva, viven de apariencias y en un enojo constante. Prefieren lidiar con sus guerras internas que abrir sus ojos a la Verdad. En estas situaciones es sabio el silencio, y el reconocer cuántas veces nosotros también hemos estado ahí.

Recuerda que culpar o que te culpen es demencia pura. La finalidad del enojo es tratar de hacer sentir culpable a alguien para permanecer en el reino del ego, en lugar de sustituir este mecanismo por la responsabilidad de cerrar desacuerdos en el presente y dejarlos ir.

Puedes reparar si lo crees necesario, tomar una postura de reconocimiento del error, o hacer una petición clara a quien no actúa como es funcional para ti. No es extraño que los seres humanos nos equivoquemos, o que actuemos de maneras sumamente limitantes en ocasiones, esto es de esperase. Es parte de nuestra naturaleza. No aspiremos a ser o pretender ser perfectos, sino honestos.

Pongamos nuestra atención en el error solo para reconocer qué punto ciego o miedo nos llevó ahí, a fin de romper ese patrón. Y después de esto tu énfasis debe apuntar a lo que se hace después de errar. Eso sí habla de la grandeza del ser humano que eres, el paso que se da una vez que estás consciente de la equivocación, porque hay una gran diferencia en quién te conviertes si te asumes humilde, honesto y en crecimiento, o te defiendes, te justificas y culpas. Reflexiona en esto, ya que es primordial. Es imperativo reconocer cómo eres después de reaccionar, equivocarte o lastimar; esto habla verdaderamente de la grandeza o la limitación de tu ser.

Reflexionemos sobre los siguientes pensamientos:

"Ustedes, hipócritas, son como las tumbas
de mármol, que se ven hermosas en el exterior,
pero por dentro están llenas de huesos de
hombres muertos. De la misma manera tú
aparentas rectitud en el exterior, pero en el interior
estás lleno de contradicciones que resultan en
dolor a otros".

JESÚS

"Los que viven fomentando su oscuridad, repelen
la luz, y no vienen a ella por el miedo que les causa
ser expuestos".

JESÚS

"De qué te sirve esconderte detrás de tus ropajes,
cuando dentro de ti es un enredo que pules para
sostener cierta apariencia del exterior".

BUDA

> "Los maestros ancestrales no trataban de educar
> a las personas añadiendo cada día más
> conocimientos, les enseñaban a no saber. Cuando
> pretendemos saber las respuestas, la vida pierde
> su guía".
>
> LAO TZU

Se ha vuelto común en nuestra sociedad que las personas se juzguen, se ataquen, que no sepamos cómo convivir con diferentes puntos de vista, que dejemos a un lado temas importantes, que se evadan o que solo se hable de lo superficial. Muchos nos hemos convertido en comunicadores egocentristas, solo reforzamos nuestras razones, opiniones, resentimientos o perspectivas. Damos consejos, hablamos y hablamos sin sentido, criticamos y nos quejamos constantemente. Muchos lo hacemos sin darnos cuenta de que todo este lío que creamos con el lenguaje solo habla de nuestros prejuicios y esquemas mentales.

Al contrario de esto, mantener pláticas que nos nutran, que nos inspiren o que nos confronten de manera sensible nos convierte en seres directos, dispuestos a dirigirnos a soluciones. Esta es la ruta a la expansión de la evolución humana.

Vivir criticando nos mantiene desconectados e ignorantes, negamos y nos fraccionamos a nosotros mismos y a nuestras relaciones cercanas, y para muchos es tan común que ya ni lo vemos; es un hábito más.

A veces parecería que tenemos que ser cuidadosos cuando hablamos con otros, para no ofenderlos, para no herir su ego.

Las personas que moran en su ego buscan razones para ofenderse, asumen todo de manera personal.

Las resoluciones de la vida se hablan de frente, enfocados en el bienestar común, haciéndonos responsables, aprendiendo de las interacciones, con humildad y honestidad.

Rodéate de personas con las que puedas tener una comunicación transparente, directa, y sincera, no importa si comparten los mismos puntos de vista.

Las características de una comunicación honesta y efectiva son:

1. Claridad: el mensaje es claro y conciso, sin ambigüedades ni confusiones; no es manipulador ni lleva carga emocional como culpa, reclamo o resentimiento.

2. Honestidad: la comunicación es honesta y veraz, sin ocultar información importante para ambos; honrar la palabra es algo que sostiene esta comunicación.

3. Accesibilidad: la información es accesible y comprensible para todos los involucrados, se pone énfasis en la sencillez y claridad del mensaje y las respuestas.

4. Coherencia: la comunicación es coherente y consistente, sin contradicciones.

5. Respeto: la comunicación es respetuosa y considerada, sin ataques personales ni lenguaje ofensivo.

6. Retroalimentación: se busca y se valora la retroalimentación para eficientizar la comunicación y corregir los errores.

7. Se toma absoluta responsabilidad de las cegueras personales, por lo que una buena manera de comenzar una conversación es:

- Desde mi punto de vista…
- Yo tengo la creencia de que…
- Yo viví esto desde esta perspectiva, ¿pudieras decirme cuál es tu visión de esto…?
- Quisiera hacerme responsable de mis acciones, quiero entender cómo viviste lo que yo hice…
- Te pido una disculpa si lo que hice te afectó, quisiera reparar esto y enfocarnos en una solución.

Un ejemplo de comunicación transparente y efectiva es enfocarte en la autenticidad, en la apertura, en que se pueda hablar de manera franca contigo. Y que, una vez llegado a un acuerdo, se pueda dejar todo en el pasado, para así vivir relaciones frescas en el presente, y que el silencio y la presencia puedan ser parte de ellas.

Me gustaría que te centraras en algún reto que tengas hoy en día con alguien, ya sea un familiar o alguien en tu vida profesional, y observes cómo podrías aplicar alguno de los pensamientos de los grandes maestros para deshacer el nudo que tengas, ya sea de conflicto o resentimiento. Te invito a leer de manera pausada cada oración e imagines cómo se vería tu vida si vivieras bajo estos principios:

"Lo más gentil del mundo supera a la cosa más fuerte de este mundo".

LAO TZU

> "Saber ceder el paso es poder".
>
> Lao Tzu
>
> "Mejor que mil palabras huecas, es una palabra que brinda paz".
>
> Buda

La realidad es que todos estamos sumergidos en limitaciones, defectos, puntos ciegos, egoísmos, cegueras, inseguridades o miedos constantes. Pocos sabemos comunicarnos de manera efectiva. La experiencia humana es confusa, desordenada y personal. Por lo tanto, es importante comprender una simple verdad: cualquiera que señala tus limitantes, quien te confronta amorosamente, debe ser visto como tu gran maestro.

En ocasiones la crítica que recibimos de otros es incorrecta o la sentimos dura, o a veces pensamos que no tiene nada que ver con nosotros, pero lo que los otros nos señalan nos muestra información que se puede convertir en alimento para conocernos y transformarnos.

Cuando no sentimos la necesidad de defendernos, cuando no nos sentimos amenazados por las opiniones de otros, permanecemos en un lugar de crecimiento y de autoevaluación. Las personas que dejan de escuchar viven a la defensiva, frenan su desarrollo y su madurez por lo que se topan con un obstáculo interno que probablemente no ven.

La realidad es que todos tenemos puntos ciegos, limitantes. Probablemente reconoces que en ocasiones te crees superior, mejor, evolucionado, resuelto en determinado tema, o aún te sientes víctima de algo que pasó o de alguien, y vives justificando tu actitud al señalar a otros.

Cualquier postura de las anteriores habla de nuestras cegueras. Reconocer con humildad nuestras áreas de oportunidad para seguir conociéndonos, expandiéndonos y manteniendo un alto grado de honestidad es el primer paso a la conquista de la sabiduría.

Reposa por un momento en estos pensamientos:

"Una gran nación es como un gran hombre: cuando comete un error, lo reconoce. Al reconocerlo, lo admite, y al admitirlo, lo corrige. Él considera a los que señalan sus fallas sus benevolentes maestros".

Lao Tzu

"Si encuentras a un sabio crítico que señala tus limitaciones, síguelo como seguirías un tesoro escondido".

Buda

Todos estamos expuestos a momentos de alteraciones emocionales. Aprende a reconocer cuando estás ahí, a regresar a un lugar emocionalmente válido, neutral, para tomar decisiones desde un nuevo concepto de ti mismo, uno que hable de tu integridad. Las emociones alteradas te blindan, te ciegan, te confunden. Cuando no han sido exploradas, pon un alto y espera que pase la tormenta. Y entonces observa todas tus opciones desde diferentes ángulos.

Dentro de esta experiencia humana todos estamos envueltos en un momento dado en situaciones dramáticas. Cuando esto suceda y experimentes emociones que te invadan, practica el silencio, concéntrate en tu visión, piensa a largo plazo, enfócate en una solución.

Reaccionar desde la carga emocional desestabiliza tu habilidad de pensar de manera clara y sensata. Una emoción que no se cultiva solo dura noventa segundos viva en ti. Para que perdure tú debes poner tu atención en ella y darle vapor con tu diálogo interno.

Mucha de la cultura nos incita a crear dependencias, ponemos nuestra vida emocional en lo que otros piensan, dicen o hacen. A veces las personas más cercanas a ti son a las que les brindas más poder y esto te enreda emocionalmente.

Al relacionarte crea el hábito de no recargarte en otros, especialmente en lo emocional, esto te libera de manera importante. Recuerda que todos cometemos errores y si dependes de otros para mantener las posturas fundamentales que te pertenecen a ti, vivirás constantemente desilusionado.

Periódicamente evalúa las expectativas que pones en otros, vive abrazando la realidad, acepta cómo somos como humanidad y corrige dentro de ti las aprobaciones que has esperado de otros con el fin de estar "bien". Diseña tu vida alrededor de tu independencia emocional, de tu felicidad y serás siempre libre. Dejarás a un lado la manipulación, el control, la crítica o el juicio constante. Serás una persona más fácil de amar.

Muchos de nosotros nos hemos arraigado a miedos por creer que la realización es algo que debemos obtener, y la hemos relacionado con el comportamiento de los demás, el éxito, la pareja, el dinero, la salud, el reconocimiento de otros, el peso corporal, nuestro estilo de vida, las oportunidades, etcétera. Y en estos aspectos exteriores anudamos cómo nos sentimos. Mucho del discurso cultural y social que vemos en los medios de comunicación o las redes sociales nos impulsan a una idea de plenitud a través de la fama, las apariencias, el estilo de vida o las relaciones perfectas, y esto solo siembra miedo al relacionarnos con otros. Recuerda que las creencias que nos someten a trances de carencia son: "No soy suficiente", "No soy importante", "No merezco" o "Equivocarse o cometer errores es malo".

Por esto, si no tenemos claro nuestro valor dado, si no aprendemos a vivir satisfechos, si creemos que nos hace falta algo o que otros nos hacen sufrir, viviremos en una lucha inalcanzable, agotadora e irreal. Sal de este juego mental, erradica este dilema cultural y social en ti.

Pregúntate...

¿Qué pasa cuando sentirnos en bienestar depende de algo exterior, o cuando algo que, a pesar de que se conquista, nos decepciona y nos aleja de la plenitud que creíamos que encontraríamos ahí?
¿Qué sucede en ti?
¿Cuál es el fin de todas estas expectativas, qué buscas?
¿Qué es lo más simple que te hace estar en paz, ahora?

Para no caer en este modo de desilusión debemos hacernos una pregunta importante: ¿qué hacemos por miedo y cuándo vivimos en verdadera claridad interior?

La última realidad es que somos un estado de conciencia siempre presente, por esto ve el valor de soltar, de desapegarte y de encontrar la plenitud en tu interior, reconócete como una dimensión viva más allá de este cuerpo, una que funge como un testigo observador, que incluso acompañará a tu cuerpo a envejecer. La finalidad es habitar un estado de conciencia de placidez en el que puedes reposar en paz, incluso al padecer una enfermedad, al cuidar a una persona amada, al despedir a un ser querido, o en situaciones adversas. El miedo se conquista al sabernos completos, abonando al sendero de nuestro camino, siendo honestos y amorosos a cada paso; esto deja una vereda de bienestar y *es* en cada momento.

La claridad la sembramos ahora. El milagro nunca ha estado en el futuro, en el cambio de alguien o en un logro.

Un paso a la vez, ahí está la serenidad que emana por un simple *reconocimiento*.

Reflexiona:

"Cuando reconoces que tienes suficiente, eres verdaderamente rico".

LAO TZU

"Si tu felicidad depende de lo material, nunca estarás enteramente satisfecho contigo.

"Vive contento con lo que tienes; regocíjate en la manera en que las cosas se presentan… Cuando reconoces que no hay carencia, el mundo entero te pertenece".

Lao Tzu

"El maestro reconoce que no posee nada, y cuanto más hace por otros, más feliz es".

Lao Tzu

"El hacedor del bien se regocija y celebra, recolectando sus cosechas puras".

Buda

"La vereda se labra caminando sobre ella".

Zhuangzi

"Podrías permanecer inmóvil hasta que la acción correcta nazca por sí sola".

Lao Tzu

"¿Qué beneficio puede haber si retienes todas las ganancias del mundo, pero te desconectas de tu ser?".

Jesús

"Irradia amor ilimitado a todos los seres del planeta".

Buda

Qué tal si hoy haces de tu independencia y tu libertad tus prioridades. Si te comprometes a no consagrar esto a nadie. No te presiones por relaciones desordenadas, por no tener una pareja, por pertenecer a un determinado grupo social o buscar una aprobación familiar.

Aprende a madurar tu independencia placentera, a escucharte, a amarte, a ser fiel a ti, a saber que así como están las cosas te vives como un ser completo. Cuando le damos nuestro poder a otros por creer que los necesitamos, vivimos en exigencia, en control y manipulación; somos todo, menos amor.

Llevar luz a las situaciones que están gobernadas por el ego o por la ceguera, muchas veces no resulta tarea fácil. Aun así, sé claridad para otros y trabaja en integrar tus propias partes ciegas. Deja a los otros en paz y mándales amor, respétalos mientras vivan dormidos en su sueño de malestar; solo ellos pueden decidir cuándo estarán listos para vivir algo diferente.

Vuélvete un ejemplo, trabaja en la conexión con tu sabiduría, vuélvete humilde, aprecia cada momento, lee, medita, ama, entrégate a la vida. No trates de enseñar a otros lo que no experimentas tú.

Para aprender a vivir con integridad, se requiere claridad mental y esto beneficia el crecimiento personal, lo que abre la posibilidad de que irradien tu creatividad y la manifestación de tu potencial. Y es que la mayoría de los seres humanos temen estar solos y dudan de sus capacidades de independencia, lo que crea una vida en la que te sientes atrapado. Por lo que, practica estar solo y no sentirte en soledad, sino arropado por ti.

Conecta con tu poder interior. Toma pequeños pasos hacia la vida que solo tiene que ver contigo, con tu legado innato, con tu voz. Por lo tanto, haz un plan, anota en un papel en qué te funciona poner tu atención: piensa en algo que te neutralice cuando no te sientas en tu centro; por ejemplo, escuchar música, salir a caminar, tomar una clase, contemplar. Practica el dominio de tus reacciones. Aprende a madurar tus interacciones. Enfócate en que cada resolución termine en armonía interior para ti.

Comienza por pasar tiempo en la naturaleza, ella te enseñará qué tan libre y capaz eres. Una vez que trasciendas tus miedos, te darás cuenta de que el mundo entero está abierto para ti.

Piensa en esto:

"La persona ordinaria teme la soledad, pero el sabio la usa, abraza su soledad, reconociendo que él es uno con todo el universo".

Lao Tzu

"No hay mayor ilusión que el miedo… quien es capaz de ver a través de sus miedos siempre está seguro".

Lao Tzu

"Al haber saboreado la soledad y la paz, te conviertes en una persona libre de penas y de neblina interna, bebiendo el profundo sabor del éxtasis de la Verdad".

Buda

Sé que en esta experiencia humana la mayoría de nosotros hemos sentido profundo dolor, o lo estamos sintiendo. Lo que te proponen estas enseñanzas es que uses la incomodidad que sientes como un punto de partida, para aprender grandes lecciones que la vida tiene para ti.

Si en este momento vives un dolor, respira y trata de recibirlo, no de resistirlo. Coloca tu ojo interno por encima de este reto, y concéntrate en tu poder más allá de las guerras internas que vivan en ti frente a esta situación. Practica que el dolor esté y no necesariamente te arrolle. Aprende a seguir tu caminar con el dolor, esto nos da una sensación de libertad, confianza, y nos enseña a conquistar el miedo que muchas veces nos paraliza. Aprende a ver la inocencia de todos los seres humanos para que se retire de ti la necesidad de querer cambiar a otros o lo que hoy te rete. Recuerda que todo vive como pensamientos en tu mente; por lo tanto, en todo momento, puedes transformar tu mente a tu favor.

Capítulo 13

¿Por qué sufrimos?

El sufrimiento, ese sentimiento que resulta exagerado y artificial, es causado por el anhelo de esperar que la realidad sea diferente de lo que es. Mucho de nuestro sufrimiento viene por considerar que algo nos falta, por pensamientos de un futuro inexistente, por invitar o tener ideas de carencia. O por no aceptar algo tal y como es.

Esto habla de los apegos a nuestros pensamientos, porque dichos apegos están vinculados a lo que creemos, no necesariamente a lo exterior, sino a la mente que entreteje historias creadas por la imaginación que nos alejan de una vida en presencia.

Porque, pase lo que pase, en el fondo existe una serenidad que prevalece, una que brota de soltar el afán de pensar que las cosas deberían ser diferentes a lo que son. Aceptar la realidad, que es simplemente el momento presente, es sanidad pura.

Tu sufrimiento nace en tu mente, por lo que conocerla es esencial para este trabajo que llamamos vida, y solo ahí, en tu mente, conquistas el malestar que habita en ti.

Reflexiona:

"Es incorrecto pensar que lo infortunado viene del este o del oeste, se origina en nuestra propia mente.

> "Por lo tanto, es una necedad protegernos ante el infortunio del mundo externo y dejar la mente interna descontrolada".
>
> Buda

> "Cuando no hay anhelos, todo está en paz".
>
> Lao Tzu

> "En este mundo, la lujuria de la carne, la lujuria de los ojos y el orgullo ante la vida no vienen del Padre, sino del mundo".
>
> Jesús

Enredarte en la confusión no hace que se aminore, lo que sí sucede es que se fortalece el hábito de vivir así. Aprendamos cada día a ser conscientes de no jugar el papel de la víctima en ningún área de la vida, esto cobra impuestos a corto y a largo plazo. Recuerda que es imposible ser víctima y no tener pensamientos de ataque y estar crónicamente enojado.

Cuando la pasamos mal existe la gran tentación de permitir que la confusión nos invada. Dejarte inundar por tu tristeza y pensamientos destructivos es atractivo para el ego y la cultura lo refuerza, pero ten en cuenta que se crean espirales de depresión y de carencia. El cuerpo con el tiempo se vuelve adicto a los químicos que desarrollamos en nuestro interior cuando vivimos sostenidos en un malestar mental.

¿Te ha pasado que tienes un pleito, estás dentro de un conflicto y parece que no puedes desengancharte, e incluso procuras a personas que refuerzan tu postura, que a su vez también se alimentan de tu drama?

En esos momentos, lejos de querernos enfocar en soluciones, nos arraigamos a engrandecer las historias y a vivir de una manera victimizada y en constante enojo. Eckhart Tolle nombra esta adicción al sufrimiento como "el cuerpo del dolor", y lo describe como una adicción a la infelicidad; y una vez que este se apodera de nosotros, no solamente no deseamos ponerle fin a nuestra miseria, sino que también tratamos de que los otros se sientan tan infelices como nosotros, a fin de alimentarnos de sus reacciones y emociones negativas. Este cuerpo del dolor tiene una fase activa y otra latente. Cuando está latente olvidamos que llevamos una nube negra o un volcán dormido en el interior.

El objetivo es romper estos patrones a nivel biológico, para conquistar la posibilidad de ser plenos de manera natural. Y es que el cuerpo del dolor es un campo energético semiautónomo, hecho de emociones viejas y no revisadas que habitan en nosotros. Tiene su propia inteligencia primitiva y su principal objetivo es la supervivencia; así, al igual que todas las formas de vida, necesita alimentarse periódicamente de nueva energía; despierta cuando siente hambre, cuando es hora de reponer la fuerza perdida y se nutre de energía similar, la de vibración más baja (resentimiento, odio, coraje, celos, culpa, vergüenza, etcétera). Pero si comienzas a erradicar esa energía en ti, el cuerpo del dolor se disipa, desaparece, porque ya no tiene de qué alimentarse.

> Por lo general, buscamos relacionarnos con personas que tienen el cuerpo del dolor similar al

> nuestro para que nos ayuden a saciar nuestras necesidades emocionales.

Cuando el cuerpo del dolor está activo en nosotros, se apodera de nuestro diálogo interno, de nuestros pensamientos y emociones y, por lo tanto, de nuestras reacciones. Respondemos desde alguna emoción y nos relacionamos con ella empañando nuestra experiencia de vida, anclados en la emoción que nos esté gobernando en determinado momento.

¿Reconoces en ti estos ciclos? ¿Cuáles son los periodos en los que está activo el cuerpo del dolor? ¿Coincide con el de tus familiares?

Es importante madurar el cuerpo emocional con el objetivo de que no esté regido por dichas reacciones. Lo que se pretende es ser más conscientes, tener la voluntad de elegir y abrir una nueva ruta de comportamiento. Esto permite el bienestar psicológico y la buena salud física, nos ayuda a desarrollar entusiasmo y motivación, y a tener relaciones funcionales, tanto profesionales como personales.

Para salir de estos comportamientos, es importante resistir la tendencia de quejarnos y ser dramáticos de manera definitiva. Es esencial que tengas momentos de lucidez y comprendas que no es una verdad que seas débil o incapaz de cambiar.

Comprende la lección de un curso de milagros que dice: "En tu indefensión radica tu seguridad". Tú tienes todo lo que se requiere para trascender cualquier adversidad si te responsabilizas de quien eres realmente. Recuerda que te conviertes en lo que crees; por lo tanto, es muy importante que en este momento te declares poderoso y capaz.

Te invito a que reflexiones acerca del pensamiento a continuación. Me gustaría que escribieras cómo tus relaciones y tus reacciones hablan de ti, que consideres cómo eres parte de la dinámica y cómo puedes usar lo que vives para ser más consciente.

Reflexiona:

> "Él abusó de mí, él me pegó, él se aprovechó, él me robó. El maestro permanece sereno en medio del dolor".
>
> LAO TZU

Esta enseñanza puede cambiar nuestra vida de manera más profunda. Muchos juzgamos lo vivido como la realidad de hoy, pero lo que hacemos con los juicios puede enterrarnos o potenciar nuestro destino. Al juzgar y quedar estancados en una conversación fija y limitante, con todas las consecuencias que esto trae a la vida, hacemos algo erróneo. Y me refiero a culpar a otros por sus fallas, tratarlos mal, colocándonos en una superioridad moral que creemos que nos brindan los juicios, y que nos atrapan en una victimización autoimpuesta que muchas veces no reconocemos.

Permanecemos en la confusión también al creer que de alguna manera somos superiores, mejores, elevados, educados, o cualquier noción personal que nos pone en una posición donde nos sentimos "especiales". Esta es una distorsión del ego, un tipo de arrogancia. Practica el hábito de dejar de compararte con otros. Permítete ser el hospedaje de nuevas rutas de comprensión.

Cuando juzgamos a otros desde posturas rígidas, sentimientos de culpa, arrogancia, frustración y hasta odio, nos corrompemos por dentro. Al juzgar a otros ilusoriamente creemos que nos defendemos, que les ponemos límites o que generamos una distancia para no ser lastimados. Pero esto es una postura artificial y nos aleja de actuar con asertividad y con las altas virtudes del ser humano.

Por ejemplo, quizá le has pedido a alguien que cambie cierto comportamiento porque no te funciona, y también deseas poner límites, pero reconoces que esta persona no te escucha, ya que repite su conducta. En tu frustración, la culpas, la criticas y la percibes inferior a ti en algunos aspectos. Ojo, porque esto lo puedes usar como una justificación para mantener una actitud de deterioro. Porque tomamos los actos de otros de manera personal y sentimos que castigarlos es lo merecido.

Dejamos de ser curiosos de las batallas o cegueras del otro y abandonamos el plano en el que poner límites desde la claridad, no desde el ataque, es lo más noble para todos. Si deseamos ser efectivos primeramente debemos ponernos límites a nosotros mismos.

Unas preguntas clave en un escenario así son las siguientes: ¿qué me pido dentro de esta situación? ¿A qué me debo comprometer para vivir alineado con mi paz? ¿Cómo participo en esta dinámica? ¿Cuál es el siguiente paso para mí?

Lo innecesario es seguir juzgando a otros porque esto nos sepulta en la culpa, que es uno de los estados de conciencia de menor frecuencia, lo que nos ata a la inconsciencia.

Es común mantenernos en el hábito de culpar a otros por cosas que vivimos, pero las razones por las cuales mantenemos una conversación de culpa son irrelevantes para nuestra libertad mental hoy.

Lo capital es ser consciente del desgaste que se permea en nosotros al cultivar el hábito de culpar. Nos bloquea la posibilidad de ponernos por encima de la situación en estado de conciencia, o de las acciones de otros, con el fin de continuar con el progreso personal, más allá de las adversidades.

No debemos vivir adormecidos, sino mantenernos alineados con las virtudes del ser, sin quitarle la responsabilidad al otro por la manera en que haya actuado. Ese es un asunto que tiene que resolver él. Tú, vuelve a ti, libre de culpas. Mantén una observación cercana a tus pensamientos y a tus emociones para no caer en la pegajosa trampa del ego de vivir en una limitante conversación de antagónicos.

Si pones límites físicos por practicidad con otros, trabaja en hacerlo con un corazón en paz. Tú estás aquí para representar el perdón, que te dará todo lo que desea tu corazón.

Reflexiona:

"Fallar es una oportunidad, si culpas a alguien de esto, no hay fin a la culpa".

Lao Tzu

"Es muy fácil ver la falla de otros, pero las de uno quedan ciegas".

Buda

> "Cuando juzgas, serás juzgado, porque en la misma manera en que calificas a otros, tú serás calificado".
>
> JESÚS

Capítulo 14

Nuestros puntos ciegos

Hablar de todo lo que no vemos de nosotros mismos me remite a la historia de un marido que estaba frustrado por las interminables fallas de su mujer. Ya estaba desesperado por sus defectos y le parecía imposible seguir viviendo con ella. Cuando se acercaba a hablarle de esto, ella se ponía irremediablemente a la defensiva. Con la edad él se dio cuenta de que además de todos sus defectos ella comenzó a perder su escucha. Esto le desesperaba aún más.

Habló con su terapeuta para ver de qué manera podía abordar esta situación. Él le dijo que regresara a casa y le hiciera una pregunta a tres distancias diferentes…

Cuando él volvió a casa, ella estaba en la cocina de espaldas ante el fregadero; él se quedó en la orilla de la puerta y desde lejos le preguntó: "¿Qué hay de cenar?". A lo cual hubo un silencio…

Decidió acercarse a la mitad de la cocina y volvió a preguntarle: "¿Qué hay de cenar?", y una vez más silencio…

Caminó cerca de ella, y al oído le preguntó: "¿Qué hay de cenar?", y ella pacientemente le contestó por tercera vez: "Amor mío, hay pollo".

En el relato anterior se puede apreciar claramente cómo el perdón y el amor incondicional, aun frente a lo que pensamos que es la verdad de otros, son una gran virtud, porque muchas veces vivimos confundidos y atacamos desde nuestras limitaciones. La curiosidad es la puerta que nos abre el camino a la madurez, y por consiguiente a la sabiduría. La vida te entregará tus intenciones y acciones de vuelta para que te observes a ti mismo y repares en tus fallas.

Todo lo que piensas, crees y haces se refleja como un espejo, en la justa medida. Si no trabajas en perdonar, no recibirás este mismo perdón o amor cuando tú erras en tu comportamiento. Si no te liberas de tus resentimientos, reclamos y enojos, permanecerás enterrado en celos, reclamos, ignorancia e inmadurez, que tomarán el territorio de tu paz interior.

Las grandes virtudes como la integridad, la honestidad, la paz, la serenidad, la calma, la asertividad, son medidas en nosotros en función de nuestra consistencia de ponerlas en uso. La paciencia como virtud no es nuestra si solo la usamos en ciertas ocasiones. Amor no es amor si se vive condicionado a lo que nos conviene o aceptamos. Disciplina no es disciplina si no se extiende a todas las áreas de nuestra vida. Perdonar no es perdonar si seguimos con la mirada en el pasado.

Las personas hoy en día confunden las virtudes con la superioridad moral como algo que nos hace especiales o mejores, pero entonces residen enredados en el ego. Si queremos que las virtudes nos iluminen, deberemos vivirlas desde la humildad.

Reflexiona:

"La maestra es buena con los que son buenos, también es buena con los que no lo son. Esta es la verdadera bondad. Confía en los que son confiables, pero también en los que no lo son. Esta es la verdadera confianza".

LAO TZU

"No hay mayor desventura que subestimar a tu enemigo. Subestimar a tu enemigo es pensar que es malo".

LAO TZU

"Ama a tus enemigos, sé bondadoso con aquellos que te rechazan, bendice a los que te amenazan, reza por los que te maltratan. Si alguien te golpea una mejilla, ponle la otra. Si alguien toma tu abrigo, dale también tu camisa. Da lo que te pidan, y si alguien se lleva algo que es tuyo no lo pidas de regreso. No hagas a otros lo que no te gustaría que te hicieran a ti".

JESÚS

"Aquel que sin resentimiento perdona el abuso, el maltrato o el castigo, ya que su poder y su verdadera fuerza es su paciencia, es lo que yo llamo un hombre sagrado".

BUDA

Castigar a otros es errar. El castigo, incluso a los peores crímenes, fomenta más violencia, separación e inconsciencia. Cuando exista una verdadera evolución en nuestra humanidad no hablaremos de castigo, sino de rehabilitación del interior. Encerrar a personas en jaulas o cárceles, sometidas a altos grados de violencia y discriminación, y privadas de un sostén emocional que las acompañe a un mayor entendimiento y a una evolución de su comportamiento es vivir apegados a una mente sumamente limitada. Debemos encontrar nuevas maneras de rehabilitarnos como humanidad.

Cuando castigamos a otros por venganza, incentivamos el miedo en el colectivo, y esto es inmaduro e inhumano. Los prisioneros son seres humanos como nosotros; si viven en terribles condiciones, con poca seguridad, nos hacemos esto a todos como un colectivo. No nos damos cuenta de que todos los seres construimos el tejido humano. Todas las personas, incluyendo las que categorizamos como malas, son parte del síntoma de la disfunción que existe en todos nosotros.

La manera en que está organizado el gobierno fomenta jerarquías de poder que cultivan el miedo y producen más disfunción social. No es una solución sensata para la evolución humana.

Debemos enfocarnos en brindar soluciones que nos sostengan emocionalmente de manera colectiva, que nos hagan empáticos, compasivos y certeros en eliminar de raíz la confusión de la violencia existente. Esto debe empezar en casa. Y sobre todo en nuestra casa interior.

Muchas personas apoyan las posturas de castigo severo por ciertas acciones; esto es una lógica que a largo plazo no da el resultado deseado. Promueve la justificación de la violencia, la discriminación y el desequilibrio mental humano. Es una postura más que viene del control ilusorio y la ignorancia, mas no de valores y prioridades alineadas con una integridad social.

Reflexiona:

"Deja de tratar de controlar todo. Suelta los planes
fijos y los conceptos rígidos, y el mundo se regirá por
sí solo. Cuanto más prohíbes, menos virtuosa
se vuelve la gente".

LAO TZU

"Castigo y recompensa es la forma más baja
de educación".

ZHUANGZI

Los grandes retos con los que nos relacionamos en esta nueva era son los de tratar todos los temas que nos apremian sin tomar posturas de rigidez. Utilizar el castigo o negar al otro por sus ideales es una forma de control aparente. Cuando decidimos que otro debe ser castigado, corregido o ignorado, se crean puentes humanos donde limitamos nuestra capacidad de resolución.

No tenemos que estar de acuerdo. El respeto es también un tipo de comunicación, el que acepta y da la bienvenida a otros puntos de vista, sin considerarlos como una amenaza, puede crear diálogos desde la Verdad, ya que creer que todos deberían de pensar como tú o compartir tu punto de vista es pensar que hay una última verdad, dentro de un esquema limitado de creencias.

Aun así, en ocasiones nos corresponde dar voz a quien no la tiene por alguna circunstancia o equilibrar algo que no es correcto en nuestro entorno. Si es tu caso y quieres contribuir a alguna causa, te invito a estudiar los seis principios de la no violencia, en los que se basaron Gandhi y Martin Luther King Jr. Así tus acciones y tu comunicación se alinean al poder.

Ahimsa (no violencia) es estar libre de malos deseos hacia cualquier ser viviente, motivado por la abnegación y sabiendo que nuestro actuar está en concordancia con la consciencia mayor. Donde uno ofrece escucha generosa, y devuelve la conversación con calidez y afecto.

Gandhi creía que Ahimsa es un poder real, sólido y positivo, capaz de llevar a la humanidad hacia las más nobles versiones de nosotros mismos. Gandhi relacionaba Ahimsa con el poder del Amor. Dice que, si el amor no está presente, entonces la violencia vive. La no violencia, desde la perspectiva de Gandhi, es una estrategia para que la humanidad erradique la demencia colectiva: "Donde hay No violencia, hay Verdad, y la Verdad es la Consciencia pura. No puedo decir cómo se manifiesta la Conciencia. Todo lo que sé es que está en todas partes, y donde está presente todo está bien. Donde reina la Verdad y la No violencia hay paz y felicidad".

Seis principios para seguir la no violencia:

- Principio uno: La no violencia es para personas de valentía interior, que se desapegan del ego y de las agresiones en sus emociones, ser y mente.
- Principio dos: La no violencia es hermandad y comprensión. Su propósito es despertar la consciencia en la comunidad.
- Principio tres: La no violencia trata de erradicar injusticias, mas no a personas. Reconoce que nuestros adversarios son inconscientes y no son el demonio. La no

violencia trata de erradicar el mal comportamiento, no a las personas.

- Principio cuatro: Sostiene que el dolor puede educarnos y transformarnos.
- Principio cinco: La no violencia elige amor y no odio en cualquier situación, se resiste a la violencia del ser y del cuerpo. El amor en este estado es espontáneo, sin motivación, generoso y creativo.
- Principio seis: La no violencia se sostiene en la creencia de que el universo está del lado de la justicia. El que se resiste a la violencia tiene la certeza de que la justicia triunfa. La no violencia cree que en el plano de la Consciencia rige lo que es equilibrado.

Reflexiona:

> "No trates de obligar a otros a tus ideales,
> o de terminar con tus enemigos por la fuerza, porque
> por cada fuerza hay una contrafuerza. La violencia,
> aunque bien intencionada, siempre regresa
> a uno mismo".
>
> LAO TZU

El no ver a otros como hermanos bloquea tu compasión y es destructivo, desacelera la posibilidad de reconocer tus puntos ciegos y de madurar. También erradica la posibilidad de escuchar a otros y aprender de ellos. Aunque pensemos que el otro es ignorante, desesperante, limitado, o inclusive malo, si ponemos atención, todos vienen a enseñarnos algo. El respeto es el ingrediente necesario para acceder a una mayor sabiduría de cómo interactuar e intervenir en diversas situaciones.

Reflexiona:

> "Cómo le puedes decir a tu hermano: 'Permíteme sacar el polvo de tu ojo', cuando todo el tiempo ha habido una astilla en el tuyo. No seamos ciegos, primero retira tu astilla y después verás claro cómo remover el polvo del ojo de tu hermano".
>
> JESÚS

> "El maestro puede seguir dando porque no hay fin en su abundancia, él actúa sin expectativas y tiene éxito sin necesidad de llevarse el crédito, y nunca piensa que es mejor que otros".
>
> LAO TZU

Criticar y creer saber lo que es mejor para otros es usar el poder de tu voz para destruir, clasificar, etiquetar o señalar. Es un hábito que nos da una falsa ilusión de poder. Esto nos sitúa en el pasado y crea guerras internas. Si dejamos morir el pasado, como deberíamos hacer con el fin de ser libres, no tendríamos ningún interés en la crítica.

Tenemos la tendencia de arrastrar eventos vividos por años, a sostener resentimientos en vez de perdonar, y aunque este comportamiento es completamente insensato, es de las prácticas más comunes en la actualidad. Te invito a que dejes de participar en ello y de usar el poder de tu voz en chismes que resultan destructivos tanto para ti como para otros.

Voltea ese dedo que señala a otros y apúntalo a ti. Ahí se encuentra claramente lo que crees ver afuera y que vienes a trabajar en ti. El otro no existe más que a través de lo que percibes de él. Todo es un espejo a la medida.

Capítulo 15

El poder de tu lenguaje

En los libros que he escrito me gusta entrar de lleno en el tema del poder del lenguaje, y puntualmente acerca de los actos del lenguaje, porque, como sabemos hoy en día, este no solo describe lo que creemos que es real, sino una vez que ponemos algo en palabras, como una creencia, una declaración o un pensamiento, se establece una visión del mundo personal, se crea un estado emocional y de conciencia específico, lo que tiene una trascendencia de determinar el porvenir personal.

Todo esto ocurre a través del lenguaje, y la gran mayoría de nosotros ni siquiera nos hemos percatado. Utilizamos el lenguaje de una manera vaga, inconsciente, y eso hace que tanto nuestra vida como nuestro camino no se sostengan en un lenguaje sólido.

Uno de los actos del lenguaje que es importante reconocer que está activo en nuestra vida son las *promesas*. La gran mayoría de nosotros prometemos un sinfín de cosas, que más adelante no somos capaces de cumplir; nos comprometemos sin ni siquiera sentirlo, o a la mitad del camino cambiamos de ruta; estas promesas rotas o no cumplidas se viven como mentiras o desengaños. Para no caer en esto es importante tener claras nuestras intenciones, y no decepcionarnos a nosotros mismos o a los demás. No cumplir con nuestras promesas altera de manera profunda a las personas que dependen de ellas. Y desampara la confianza.

Jesús nos decía: "Te digo que no hagas promesas, ni jures por tu cabeza, pues tú no tienes el poder de convertir el pelo en blanco o negro. Simplemente permítete que tu sí sea un sí, y que tu no sea un no, en un determinado momento".

En la vida nos relacionamos con adversidades, conflictos, desacuerdos o retos importantes, no importa qué tan graves sean. Si hoy estás en una situación así, desenreda un pensamiento a la vez; deshaces los nudos internos cuando te haces consciente del lenguaje con el que te hablas, lo que piensas y te dices. Estate presente en que tu lenguaje no te convierta en una persona pesimista o cínica, que se desconecta de la vida. Si constantemente te encuentras diciendo: Esto es un desastre o esto es un desafío, o te repites: Nunca voy a salir de esto o siempre me pasa lo mismo, para qué volver a intentar; recuerda que el exterior responderá a lo que te dices. Ten en mente la frase: "Hágase tu voluntad".

Muchos no somos conscientes de lo poderoso que es el lenguaje. Inconscientemente declaramos oraciones y después vivimos en concordancia con lo que declaramos:

- No puedo.
- Es muy difícil.
- No soy capaz.
- Tengo miedo.
- No es para mí.
- Es muy complicado.
- No en este momento.

Todo esto que decimos de forma vaga permea en nuestro estado de consciencia. Acuérdate de que el lenguaje define tu posición frente a la vida. Este imprime lo que crees de ti y de la realidad, y te paraliza justo en lo que declaras. Si dices que es muy difícil, lo que verás fuera de ti es dificultad, y te quedarás en anhelo, mismo que se convertirá en falsedad o ego.

Usa el lenguaje en presente y de manera que abra todas las posibilidades. Al hacer algo futuro nos alejamos de nuestro poder, pues este instante es la puerta de la manifestación de lo que vemos posible fuera. A menos de que seas consciente de SER ahora, te apartarás de tu llamado y a infinitas posibilidades. Pídete y prométete en el presente lo que vaya alineado a tú llamado, a tus intenciones y cierra con un sí, un no o una negociación, y extiende esta claridad a todos en tu entorno… pídeles claramente, haz promesas firmes y sostenibles y se franco con tu sí y con tu no a otros, para dar desde tu autenticidad.

> Recuerda que el lenguaje que elijas para describir tu situación será el andamio mental sobre el que construyas la solución. Enfócate en un lenguaje que te brinde salidas útiles, no que te encierre…

Si algo que vives no te funciona o no te tiene en paz, enfócate en la solución ideal, imagínala y trabaja por ella. Idealmente escribe la solución adecuada para ti con un lenguaje poderoso que tenga elección de palabras vigorosas, sólidas, alegres y que abran posibilidades. Las personas que se enfocan en sostener conversaciones que construyen viven libres de problemas, haciendo de su lenguaje una morada suave y sencilla…

Reflexiona:

Si tu lenguaje te enreda o te brinda salidas útiles. Piensa si estos pensamientos resuenan en ti:

"No me enfrasco en lo que ha sucedido, me enfoco en lo que todavía se puede hacer".

BUDA

"Piensa lo pequeño como lo grande y lo poco como lo mucho. Recibe tus dificultades mientras sigan siendo fáciles, conquista las grandes tareas mediante una serie de pequeños actos".

LAO TZU

En las relaciones humanas es común caer en la resignación o en algún tipo de sacrificio. Si una persona cercana tiene fallas o te hace peticiones que no deseas llevar a cabo, enfocarnos en una comunicación clara y en trabajar en fomentar nuestro interior erradica dinámicas disfuncionales. Nosotros podemos decidir cómo vivir algo, ahí reside nuestro poder. Es imprescindible tener claro no prometer lo que merme nuestra independencia espiritual, social, económica, sexual, intelectual, etcétera. Es indispensable para seguir la línea de la honestidad personal; al honrarnos tenemos claros nuestros compromisos y los acuerdos con otros.

Toda promesa hablada debe ir de la mano de la integridad y no de la complacencia social. Si no nace del corazón, esta no será sostenible, porque el verdadero compromiso no radica ahí. Es adueñarse del bienestar personal, más allá del curso de las relaciones o de ciertas situaciones, a tal punto que nuestra serenidad profunda siga intacta, a la distancia de lo vivido.

Recordemos también que no porque alguien nos haya hecho una promesa la vaya a cumplir. Los seres humanos normalmente no funcionamos así. Muéstrate vulnerable, sé honesto, sé directo con lo que quieres y con lo que no en una relación, y en general evita hacer promesas sin antes reflexionar acerca de lo que conllevan. Comprométete con el ahora, en presencia o con "tú no", o "tú sí" honesto. Esto nos da la claridad a cada uno y a las personas con las que nos relacionamos.

Cuando existe un conflicto es capital comenzar por comunicarte tomando total responsabilidad de ti y tus actos, y reconocer que tus posturas son una perspectiva y no una verdad absoluta. Es explicar cómo te sientes sin atacar a la persona con quien dialogas.

Hazte responsable de que tus sentimientos, tus reacciones o tus expectativas para que sean producto de tu visión del mundo. Debes mantener una comunicación en la que puedas ser sincero, sin insultar, denigrar, manipular o tratar de controlar al otro; esto es primario. No te vuelvas mudo en las cosas importantes que quieras transmitir, esto se acumula y es lo que termina estallando en tu interior.

Evalúa si en tus relaciones eres leal y vives con integridad frente a ellas. Si esto no está presente, quizá sea momento de salir de ellas o replantearlas, porque esta es una manera de romper las promesas contraídas contigo y con los demás.

La vida no debe convertirse en una lucha porque muchas veces las adversidades que vivimos nos ponen en modo de supervivencia. Y cuando caemos en esto, le damos valor al esfuerzo y a la inconformidad. Nuestro objetivo se convierte en enfrentar la próxima batalla, en vez de soltar, confiar y recibir las diferencias y adversidades para conquistar la sabiduría interior, con un lenguaje dulce y compasivo.

En un conflicto, lo usual es rechazar el presente por esperar que en el futuro exista un momento que por fin nos alivie de lo que vivimos hoy. Esto nos da una inmediata insatisfacción con la realidad, con lo que está en este momento frente a nosotros. La no aceptación nos quita la energía necesaria para encauzarnos en acciones, en un estado de conciencia asertivo y para habitar en consciencia el momento presente. Esta posibilidad también se genera con un replanteamiento de lo que interpretamos, de observar lo que nos decimos acerca del significado que le damos a los hechos, con el fin de generar la posibilidad de una aceptación de lo vivido que nos abra nuevos caminos. Recuerda que la aceptación es un punto nuevo de partida…

Si no modificamos los hábitos de nuestro lenguaje a uno asertivo, seguramente aparecerá el siguiente conflicto mental en el horizonte, y el siguiente más adelante, a pesar de haber conquistado eso que deseábamos, porque usamos la insatisfacción para crear anhelos y no estar satisfechos en el presente, y esto es el ego en acción.

Por ello pregúntate: ¿qué tipo de intérprete eres frente a las vivencias? ¿En qué lenguaje moras… en uno de amor o uno de miedo?

La sabiduría nos enseña que la vida pasa frente a nuestros ojos como un espectáculo, como un milagroso espejismo que nace de la mente. El anhelo es lo que nos ciega, somos espectadores de las ilusiones del mundo de la forma, donde le damos vida a una personalidad que es efímera y está continuamente sedienta.

La sabiduría nos habla de terminar con los ensueños, los anhelos y las promesas puestas en una realidad de fantasías ilusorias. Si tu meta sigue siendo vivir de tus anhelos por creer que algo te falta para sentirte completo, vivirás agotado, manipulando, controlando y sembrado mentalmente en una vida que hoy no existe. Es permanecer encadenado a una vida donde la satisfacción nunca se conquista, en la que la felicidad no puede ser sostenida. En una mente cambiante, dominada por una falsa identidad donde el lenguaje te lleva a la victimización de manera constante, es caminar por un sendero en el que uno no se engrana en la vida misma.

La fe es funcional, pero lo fundamental es recibir la vida ahora y para ello debemos parar el ruido mental.

Al conquistar la Verdad que nos enseñan los grandes maestros, nos damos cuenta de que el camino a la felicidad sostenida es el lenguaje bondadoso y compasivo, el que perdona y es asertivo. Si te alejas de esta posibilidad transitarás por la demencia, por un estado de conciencia triste e inconsistente, comparado con el éxtasis de la liberación, en la que sabemos que vendrán los deseos del corazón, la paz de disfrutar y ser claros con lo que está frente a nosotros. Eso es lo que emana de manera natural: vivir con una mente clara y con un lenguaje íntegro y sencillo.

Reflexiona:

Acerca de estos pensamientos que nos dan pautas para vivir en un lenguaje de poder:

"El maestro no hace nada; sin embargo, no deja nada sin hacer. El hombre ordinario siempre está haciendo cosas; sin embargo, muchas se quedan sin hacer".

Lao Tzu

"El poder del maestro es así, deja que todo venga y vaya sin esfuerzo, sin anhelo. No espera resultados, por lo tanto, nunca ha estado decepcionado".

Lao Tzu

"Actúa sin hacer, trabaja sin esfuerzo".

Lao Tzu

"Como no posee nada, no tiene nada que perder. Lo que anhela es él sin anhelo, lo que aprende es para desaprender".

Lao Tzu

"Ciego es el mundo, solo pocos poseen autoconocimiento, muy pocos, como pájaros que se escapan de una red, para conquistar el reino de la absoluta felicidad".

Buda

"Vive sin un 'mío', sin formar apegos a estados evolutivos".

BUDA

"El hombre sabio sabe que es mejor sentarse al lado del río de la remota montaña, que ser el emperador del mundo entero".

ZHUANGZI

Hoy examina cómo es tu lenguaje, ¿te deja atado o libre? ¿Cuál de los pensamientos anteriores te refuerza una liberación en este momento… escribe lo que observas de ti y tu manera de hablarte…

Capítulo 16

Impermanencia

El mundo exterior es impermanente, nos guste o no; todo cambia a cada instante. La experiencia del mundo parece terminar aparentemente en la descomposición del cuerpo o la muerte, pero como tú no eres dicho cuerpo, esto no frena tu existencia.

Pero mientras tengamos este cuerpo y el propósito de vivir en estados de paz, amor y generosidad como instrumentos que lo sostienen, será de suma importancia usarlos para trascender la decepción, los apegos al mundo ilusorio y liberarnos de las desilusiones constantes del ego, para habitar nuestra verdadera naturaleza que está unida a la Consciencia. La paz es el elemento infalible que desvanece los velos ilusorios de la mente.

En el universo no se puede detectar un principio ni un fin; la ciencia nos enseña que todo está en constante transformación y que nada está separado de sí mismo. Existe una unión, una fuente, una consciencia que constantemente brota y se transforma en un vacío. Formas, pensamientos, imaginación nacen de este vacío como si estuviéramos en cada momento creados por la nada. Por lo tanto, nuestra existencia es milagrosa, divina y, sobre todo, un gran misterio para la mente humana.

Cuanto más anclado estás en el control, más atado estarás al mundo de la forma y más te encadenarás a una vida condicionada, que a su vez está en constante cambio.

Recuerda que lo que dices, lo que piensas o lo que opinas no tiene acceso al plano de la Verdad como Consciencia. Ninguna palabra puede acceder a la Verdad, solo apuntar a ella; en sí, vivir desde la consciencia debe ser experimentado. Todo se dirige a tu propia mente y tú decides si lo atrapas en conceptos o lo liberas a la Verdad.

Vaciar la mente significa soltar las discriminaciones creadas, liberarnos de los apegos que aprisionan y que nos ponen en exigencia frente a lo que se vive. Es la liberación de ideas y de expectativas lo que da la bienvenida a ver que nada es carente, y es así como el miedo se disipa. De esta manera rompemos el hábito del sufrimiento y nos abrazamos a la Consciencia de la Verdad. Un estado de éxtasis y entendimiento que tiene acceso a una sabiduría innata y a las virtudes que viven naturalmente en ti, en este momento.

Reflexiona:

"Nombrar es el origen de la creación de las cosas particulares".

LAO TZU

"El Tao es llamado la gran madre, vacía e inagotable, da vida a mundos infinitos. Siempre está presente en ti, y puedes usarlo de la manera que tú quieras".

LAO TZU

"Esperanza y miedo, los dos son fantasmas que nacen de los pensamientos. Cuando no vemos al ser como un ser independiente, ¿a qué tememos? Ve el mundo como a ti mismo".

LAO TZU

"El maestro mantiene su mente siempre alineada al Tao, y esto es lo que le da brillo".

LAO TZU

"Si permites que tu ser sea llevado de aquí para allá, pierdes contacto con tus raíces, si permites que tus miedos te muevan, pierdes contacto con quien realmente eres".

LAO TZU

"Cuando tienes nombre y forma, debes saber que son provisionales".

LAO TZU

"El maestro se concentra en sí mismo dentro de sus profundidades y no en la superficie, en la fruta y no en la flor, no tiene anhelos de sí mismo. Se cuaja en la realidad y permite que las ilusiones se disipen".

LAO TZU

"Todo ser humano es una expresión del Tao. Florece a la existencia, inconsciente, perfecto y libre. Toma

un cuerpo físico y permite que las circunstancias
lo completen".

LAO TZU

"La mente ignorante, que no reconoce que el
mundo es solo algo visto por la mente misma,
se aferra a lo complejo del mundo externo y cree
que tiene una naturaleza independiente al exterior.
Todo esto provoca discriminaciones de la mente,
y enfocar nuestra energía a la falsa imaginación
es como un espejismo que parece agua, y que
creemos real. La mente ignorante se aferra a
hombres, señales o ideas, permanece con los
contrastes de bueno y malo, mejor y peor, bonito
y feo, y así va discriminando la realidad sin darse
cuenta de que esto limita su libertad, lo que vemos
siempre es la mente misma".

BUDA

"Tú eres conciencia unida al todo, suelta la idea
de que estás separado, de que eres una persona,
que hay adentro y afuera. Llevas mucho tiempo
pensando que eres 'una persona'. Permite que el
conocimiento 'yo soy consciencia' sea la espada
que te libere.

ASHTAVAKRA GITA

La sabiduría te hace una propuesta, depende de ti querer escucharla o no. Jesús, Buda, Lao Tzu, todos los grandes maestros hablan de lo mismo, ofrecen el mismo conocimiento: deja ir tus maneras del pasado para que puedan ser sustituidas por algo real.

Libérate del sufrimiento o de la idea de que no tienes lo que deseas. Soledad, pérdida, remordimiento, angustia, sufrimiento, abandono, herida, traición, trauma, insatisfacción, anhelos, culpa, resentimiento, negatividad, ansiedad, miedo, inclusive el temor a morir, todo esto es el resultado de vivir en una mente centrada en el ego.

Si decides cambiar tu enfoque del lenguaje egoísta a la sabiduría noble, podrás encontrar la iluminación dentro de ti y vivir en un estado de paz imperturbable. Puedes moverte dentro de una alegría constante. Al mismo tiempo, puedes conquistar un increíble potencial que tenga un gran efecto en tu entorno. Crea un mundo de mayor conocimiento y compasión primero dentro de ti.

Los grandes maestros nos invitan a mantener el balance del ser, de la mente y el cuerpo a través de la Verdad o Sattva. Para esto te propongo reflexionar en las siguientes preguntas:

- ¿Cuál es tu propósito al estar en esta experiencia de vida?
- ¿Qué significa ser amoroso para ti? ¿Cuándo es un reto?
- ¿Qué significa ser íntegro para ti, en qué áreas de tu vida hoy existe la no integridad?

La Verdad, como un estado de consciencia, abarca la alineación con la divinidad, un entendimiento no dual, que quiere decir comprender la vida más allá de contrastes limitantes como bueno o malo, bonito o feo, me gusta o no me gusta. Cuando eres curioso y reconoces *no saber*, abres tu mente a la posibilidad de alinearte con la Verdad, que te une con tu sabiduría y compasión, contigo mismo y con el todo.

Pregúntate...

> ¿Estás dispuesto a vaciar tu mente del pasado
> que cargas y mantenerte en el presente?
> ¿Cuál es tu mayor obstáculo?
> ¿Estás dispuesto a conectarte con tu poder
> interior? ¿Cómo se vería esto en tu vida?
> Identifica los escudos que has puesto en
> tu corazón y en tu mente: ¿cuáles son aquellas
> capas que te paralizan y aparecen en forma
> de creencias?

La Verdad es universal y es un acercamiento al conocimiento innato que llevamos todos, alineado con la sabiduría colectiva. Pregúntate una vez más, ve cada vez más profundo: ¿de qué tienes miedo?

Recuerda en este momento —fuera de lo que estés pensando— que estás bien, el milagro está en la aceptación y la confianza. El llamado a la vida es una convocación a permanecer en este momento en mente y corazón.

Siéntate en silencio al menos quince minutos con lo que hoy te apremie, intégralo, recíbelo, regresa aquí y dale amor a todo lo que sucede ahora en tu vida. Arrópalo. Ese es el mayor poder. Declara: "Doy la bienvenida a la vida y vivo sin resistencias".

Si consideramos que todo es una constante experiencia mental, tus padres, tu pareja, tus hijos, tus objetos materiales, son para ti lo que piensas de ellos, lo que sientes por ellos, lo que interpretas de ellos; su existencia depende al cien por ciento de ti.

Haz una lista de estas personas u objetos, escribe su nombre y qué te dices de ellos (pensamientos, creencias, declaraciones). Describe con las palabras que vengan a tu mente, sin juzgar. Por ejemplo: Ana, mi hermana, es la mayor, la consentida de la casa por su inteligencia; siempre le dan prioridad. Aun pensamientos tan comunes como este generan ruido dentro de nosotros. Ahora te invito a ver si cargas con pensamientos de más baja vibración como: Lo qué me hizo X es imperdonable, una traición. Nada más pensar en esto me pone mal, no voy a salir adelante por su culpa, es un desgraciado.

> Todo pensamiento creído genera un estado emocional y de consciencia en nosotros.
> Sé firme con lo que decides pensar y creer como verdad.

Los grandes maestros y las reflexiones llenas de sabiduría nos dan las pautas para soltar estas conversaciones que crean candados con el ego.

Si tu mente está llena de opiniones, creencias, conceptos, ¿de qué forma puedes vaciarla?

Lee en voz alta las siguientes reflexiones y escribe dos interpretaciones para cada una, y observa tu lenguaje. Los grandes sabios han conquistado el gran arte de vivir y nos invitan a ello…

"Vacía tu mente de todo pensamiento, permite a tu corazón estar en paz. Observa el sufrimiento de otros seres humanos, pero observa también cómo vuelven. Todo ser separado en el universo regresa al origen común, regresar al origen es serenidad".

Lao Tzu

"Eres conciencia pura, la sustancia del universo, absolutamente todo el universo existe dentro de ti".

Ashtavakra gita

"Saber ceder el paso es poder".

Lao Tzu

Capítulo 17

Lleva la sabiduría a la práctica

Tu vida está en tus manos. Tu futuro será vivido como tú decidas vivir y experimentar. Cuando las circunstancias no parezcan estar a tu favor, regresa a ti, a tu poder de elegir la visión deseada, a labrar tu propio camino de una manera creativa. Enfoca tu mente y vuelve a la libertad, ahí encontrarás la ruta que sobrepasa cada obstáculo. Utilízate como un instrumento de inocencia y transformación.

¿Qué crees que necesitas que otros piensen, digan o cambien para qué tu seas libre?

Recuerda el Verso 5 del *Tao Te Ching*, de la página 77.

La armonía nace del Tao, de la nada nace la realidad que termina siendo nada; aun así, de la nada surge la esencia de la flor. Si observas, el Tao lo permea todo, la creatividad del Tao es magnífica, la podemos contemplar en cada instante haciendo transformaciones. Si nos damos el regalo de la quietud, de vivir sin prisa, si nos dejamos de relacionar con el tiempo como el transcurso para lograr algo, seremos testigos de que todo se lleva a cabo sin nuestra intervención.

El Tao nos dice que el origen de todo se llama "oscuridad". Si vamos a nombrar las cosas, este nombre contiene todo y si su naturaleza es el amor, nosotros abstraemos con nuestra mente confusa lo que llamamos terror, miedo, sufrimiento, lo inaceptable, etcétera. Y al creerlo, lo creamos; impregnamos el mundo de violencia para justificar que existe. Somos nosotros los que creamos el miedo para evidenciarlo.

Todo esto surge de nuestro estado mental, pero si lo soltamos todo se disuelve una vez más en la oscuridad, el vacío, y ahí se desvanece.

En la observación de la naturaleza reconocemos en ella el orden, el bienestar, la vida, el espíritu, la inteligencia, la realización. El Tao está lejos, pero también cerca. El Tao está fuera, pero también dentro. Porque en realidad no hay dentro ni fuera, ni lejos ni cerca. Todo es uno y es ahora.

Podríamos llamar al Tao también realidad o consciencia universal. Nuestra mente libre de pensamientos se une a la inteligencia universal, vuelve a casa y entra en la dimensión de lo ilimitado, lo que te ofrece todas las posibilidades en todo momento.

Para esto, la invitación es demoler los muros mentales que nos encarcelan, esos de los que nos hemos adueñado y que nos incitan a vivir restringidos de manera constante; laberintos internos creados por nosotros mismos acerca del pasado, en los que vivimos deambulando sin aparente salida. Para dejar atrás estos laberintos mentales es imprescindible investigar todo lo creído y reconocer que buena parte de lo que nos hace sufrir es puramente ilusorio e innecesario.

Es esencial reconocer que muchos pasamos la vida sin verdaderamente amar; sin experimentar de lo que es capaz el amor. Muchos no sabemos qué es una amistad, una verdadera hermandad.

Y es que volvemos objetos a las personas con el fin de cambiar, manipular o conseguir algo de ellas. Esto nos desconecta no solo de otros, sino también de nosotros mismos. Y desde esa miopía mental vivimos incapacitados de transitar la vida de manera genuina.

El desapego es en estos términos la ruptura de los esquemas o laberintos mentales que nos permite desabrigar lo deshonesto que radica en nosotros. Es cuestionarnos hasta comprobar la pureza que existe en la concepción de vivir soberanos, asombrados al reconocer que la simpleza nos da la posibilidad de radicar en nuestro origen puro.

Asombrosamente muchos vivimos apegados a nuestros puntos de vista con tal veracidad que, si pudiéramos vernos con objetividad, no dudaríamos en soltar lo arraigado tan solo por compasión a nosotros mismos.

Cuando el ser humano ha crecido en una cultura en la que predomina la competencia, la comparación, el conflicto y una sed insaciable de obtener, se vuelve rígido, desconfiado y sin la posibilidad de vaciarse con el fin de dejar todo ir, para así saber que ya tiene todo lo que requiere. Verdaderamente soltar provoca abrirse a la posibilidad de ser tú mismo.

No sé si has sentido que a lo largo de tu vida te has empeñado en conseguir algo, en vivir cierta experiencia; tal vez has experimentado incansables frustraciones, te esfuerzas, e inclusive a veces tratas de forzar que las cosas se den de cierta manera, solo para que con el paso del tiempo reconozcas que determinada vivencia, relación con otro o logro te desilusionó, te desconectó y terminaste cansado o incluso ya no deseas haberlo creado o haberlo vivido, y probablemente terminó en una nota amarga.

Y es que la mayoría vivimos convencidos de que cuantas más experiencias, éxito, reconocimientos, aceptación, aprobación de otros, cuantos más viajes y cuantos más logros conquistamos en todos los ámbitos de la vida, más rápido llegaremos a ser felices, abundantes y sobre todo plenos.

Yo durante años viví persiguiendo algo, no soy la excepción. Aún hoy en día, a veces caigo en la exigencia, y rápidamente siento miedo, desconexión, incomodidad, impaciencia, y la desconfianza que acompaña el impulso inherente de querer manipular la vida que no es.

Y es que casi todo termina por decepcionarnos, porque lo complejo en muchas ocasiones no es conseguir algo, sino seguir deseándolo y vivir satisfecho con los altibajos que toda experiencia conlleva.

Muchos vivimos con la mente puesta en expectativas, esperando que lo exterior cumpla cierta promesa o llene vacíos que no reconocemos que nosotros mismos fabricamos, haciendo reclamos hacia el exterior creemos obtener cierta felicidad. Algunos no cuestionamos qué impone el entorno, como metas y objetivos específicos a cumplir a lo largo de la vida.

Veo que la constante para muchos es que la vida está acompañada de un aire de desilusión que arrastramos al paso de los años.

Sin darnos cuenta escondemos nuestra dicha detrás de fantasías mentales, de cuentos y narrativas que imponemos sobre las vivencias, de historias que nosotros mismos inventamos y no reconocemos. Unas que nos sumergen en una confusión que termina por domesticar la cotidianidad y convierte la vida en un sendero letárgico.

La gran mayoría vivimos dramas heredados por maneras de pensar disfuncionales, lo que exagera nuestras reacciones y promueve vértigos interiores que alteran nuestras emociones hasta el punto de perturbar nuestro sistema nervioso.

La única manera de soltar el ego es reconocer que no tiene soluciones ni la salida a la paz, porque en sí el ego crea la necesidad de creer en él y sus encrucijadas mentales.

El ego lucha por sobrevivir como todo campo energético. Es posible que te asuste o perturbe reconocer que no existes realmente como un "tú" sin tus dilemas y tus historias o tu pasado, que la falsa identidad en que tienes tanto invertido es una ilusión mental.

Es el final del mundo limitado tal y como lo entiendes, el final del tiempo y de la veneración del cuerpo físico. Mientras valores cualquier cosa que no sea la Verdad, el ego seguirá trayéndote de vuelta a su mundo imaginado.

Para abrir camino a una conversación de crecimiento dentro de nosotros, es imprescindible conectar con nuestro maestro interior; este nos invita a mantener nuevas conversaciones internas que brindan equilibrio. La balanza se estabiliza dentro de nosotros, independientemente de lo que experimentemos; esto nos hace justos y bondadosos ante las situaciones. Se retira el esfuerzo que imponemos a la vida, para reconocer que, dentro de cada uno, desde una nueva mirada, accedemos a una serenidad constante, fuera de este vaivén de huida y búsqueda.

Muchos creen que la iluminación debe ser algún tipo de experiencia mística trascendental. Pero no lo es. Es tan cercana a ti como tu siguiente pensamiento. Cuando crees un pensamiento que discute con la realidad, estás confundido. Cuando cuestionas ese pensamiento y reconoces que no es totalmente cierto, despiertas al ver que fuera de tu pensamiento estás en claridad.

Todos partimos de la misma consciencia, la única diferencia es que algunos creemos lo que pensamos, y algunos hemos aprendido a cuestionar los pensamientos que nos separan de nuestra sabiduría innata. Pero, en realidad, todos los seres estamos iluminados en todo momento, todos somos Buda, palabra que significa despertar, recobrar la consciencia o reconocer.

La plenitud y nuestro reconocimiento de amor están evidentemente accesibles a nosotros en todo momento y lo manifestamos cuando entramos en silencio.

Al dar un paso atrás del lío mental, accedemos a un testigo observador dentro de nosotros que nos permite reconocernos como parte de un todo, en el que nada hace falta y en el que una consciencia baña absolutamente todo.

El ego siempre pelea para que no nos rindamos ante esta fuente porque revela su desintegración.

Todos escuchamos dos voces: la del ego y la que nos conecta con la Verdad que se alinea con nuestro corazón. La primera es mucho más fuerte y aparentemente tiene la razón, es la que trata de proponerte cómo entender y reaccionar frente a lo que vives, creando la ilusión de que lo que percibes está separado del significado que tú le das.

Piénsalo, en realidad no tenemos la capacidad para distinguir nada objetivamente; no podemos salir de nosotros y ver la vida fuera de nuestros filtros, sean creencias o pensamientos construidos en el pasado, si no los cuestionamos.

> La simplicidad vive en el Tao y se dice de él que no tiene intereses propios. El Tao deja que todo suceda y no tiene objetivos personales.

La maestra Byron Katie menciona que las personas generalmente creen que, si renuncian a su discusión con la realidad, perderían parte de su poder; por lo que ella las cuestiona: "¿Tienes la absoluta certeza de que eso es verdad?".

Recibir la realidad tiene que ver con la aceptación que proviene de un estado de consciencia en el que estás listo para aceptar tu participación en lo que aparece frente a ti, y esto abre la puerta a la transformación a través de un lenguaje de poder, de nuevas acciones y compromisos. *Aceptar no significa resignarte a la situación.* Es una participación activa, es estar frente a la vida, conectado y en comunión con ella. Así, puedes ver también de qué manera has contribuido a lo que sucede. Una vez que permites la admisión de las cosas tal como son, puedes cuestionarte:

> ¿De qué manera estoy resonando
> con esto que vivo?

Porque, aunque pareciera que no has tenido colaboración alguna en muchos eventos, estás teniendo una relación con ellos. Cuando aceptas y vives conectado a la realidad y no a tus pensamientos, entiendes que la realidad es más neutral que lo que decimos o pensamos de ella.

"Solo quiero lo que es" es una frase que nos pone en comunión con el presente, deja caer el orgullo del ego, que desea crear capas de juicio frente a lo que aparece en nuestra experiencia de vida.

Lejos de ser un estado de conformismo es una postura que invita al poder, a ver las bendiciones ocultas y, sobre todo, a vivir el misterio que es la vida. *Solo quiero lo que es* nos invita a vivir desde la humildad, aquella que nos abre a la autoindagación, a la simplicidad y a conectar con la vida y no con los conceptos de lo que *creo* que debería ser este momento.

Cuando por fin liberamos las capas de la programación en nuestra mente, lo que encontramos en cada instante es claridad y sabiduría, ya que esto es lo que queda fuera del mundo de las desilusiones. Sin vivir apegados a la identidad de un yo falso, lo que surge es un estado de consciencia que llamamos *generosidad*. Esto es lo que somos más allá de la mente que vive en confusión. Al despertar a la realidad o a lo que es en cada momento, tenemos un encuentro con el estado de gracia que se nos concedió como derecho de nacimiento.

Una práctica que yo uso en todo momento para la liberación mental son las cuatro preguntas de la maestra Byron Katie, que nos apoyan para practicar dicha liberación, con el fin de volver a la paz y abrir nuevos senderos tanto internos como externos. Al saber que podemos elegir amar, perdonar y vivir una vida suave, uso cualquier incomodidad interior para reconocer que he creído en un pensamiento que va de la mano del ego y lo cuestiono con estas cuatro preguntas:

1. *¿Es verdad este pensamiento?*
   La respuesta debe ser solo sí o no.

2. *¿Es absolutamente cierto este pensamiento?*
   Para que sea absolutamente cierto es una realidad, o sea, un hecho. No un punto de vista o como tú ves las cosas, tampoco hay un sí como respuesta para esta pregunta, si crees tener la razón.

Y la respuesta se resume en un sí o un no una vez más, sin mayores explicaciones. En este punto debemos comprender que ningún pensamiento es absolutamente cierto porque ya sería un hecho, una realidad inamovible todo el tiempo.

3. *¿Quién soy y cómo me comporto cuando creo este pensamiento?*

Aquí es interesante imaginar en quién te conviertes cuando crees que el pensamiento es verdad. Por ejemplo si pienso: La vida es injusta. Desde este pensamiento, por la manera en que me veo a mí y cómo me relaciono con la vida, me mantengo a la defensiva, me siento víctima, me invade el miedo, la impotencia, etcétera.

4. *¿Quién sería si ya no pudiera creer el pensamiento?*

Siguiendo el mismo ejemplo: La vida es injusta. Si ya no pensara en esto como algo absolutamente cierto, podría reconocer que a simple vista hay situaciones que se perciben así, pero también hay situaciones de justicia, por lo que yo puedo decidir si equilibrio mi visión y esto me invita a volver a la paz y soltar las defensas.

Lo interesante de estas preguntas es que ningún pensamiento es absolutamente cierto. Si fuera así, sería algo inamovible, no lo que pensamos de ello. Por lo que las primeras dos preguntas nos convocan a soltar nuestras ideas, aunque pensemos que tenemos la razón.

(Y recuerda, la razón la respaldamos por lo que moral o socialmente valoramos como la verdad, pero esto no convierte el pensamiento en verdadero solo en razonable desde una óptica).

La tercera pregunta nos invita a reconocer que, cuando creemos algo como real, muchas veces nos convertimos en alguien que reacciona desde el ego, la victimización o el miedo. Y la cuarta pregunta nos invita a la posibilidad de soltar el pensamiento porque, al hacerlo ya sin él, lo más probable es que estemos en paz y tengamos acceso a la sabiduría para responder a la vida.

> "Mientras el hombre sea consciente de ser hombre decretará lo que aparece en su mundo".
>
> Neville Goddard

Tu mundo es lo que es debido a tu conciencia actual. Simple, ¿no es así? Demasiado simple para la mente egoica que intenta complicarlo todo.

Practicar una vida que florece en tus llamados más profundos va de la mano de las palabras en que habitamos. Decretar debe hacerse desde la consciencia. Los seres humanos somos conscientes de lo que hemos declarado ser. En otras palabras, vemos, vivimos y experimentamos aquello de lo que somos conscientes. Constantemente estamos imaginando y proyectando aquello que somos conscientes de ser. Esta es la verdad que hace al hombre libre, pues en nosotros vive el poder de decidir si nos aprisionamos o nos liberamos.

La conciencia del ser es la puerta por la que pasan las manifestaciones de la vida al mundo de la forma. Si renunciamos a todos nuestros pensamientos predeterminados acerca de que la consciencia máxima y el universo viven fuera de nosotros, como entidades distintas o separadas, transformamos nuestro mundo con la comprensión de que "yo y el universo somos uno."

Universo: consciencia del ser

Al vivir en la consciencia del ser, todo es posible. Cuando decretamos que somos seres capaces, elevamos la conciencia a la naturalidad de ser y vivir nuestros llamados. Si en este momento vives lo que eres consciente de ser, pregúntate: ¿estás satisfecho con lo que experimentas ahora?

Recuerda que la única forma de cambiar la expresión actual de la vida es apartar tu atención de aquello que te parece tan real y elevar la conciencia de lo que deseas ser/vivir.

¿Quién dices que eres?

La respuesta a esta pregunta parece ser "fácil", pero presta atención cuando la contestes, pues tu convicción y opinión de ti mismo determinarán tu expresión en la vida. En lugar de orar a un ser separado de ti, reconócete como lo que ahora deseas experimentar. Las oraciones deben decretar algo que eleve tus virtudes como ser humano, en lugar de sostener necesidades falsas. Entonces, si oras por vivir pleno, aléjate de tu estado y sentido de sufrimiento y asume la naturaleza de ser una persona serena. Recuerda que la conciencia es la puerta por la que entra la vida.

"Yo soy"

Tus creencias, miedos y limitaciones actuales pueden atarte al nivel de conciencia del que nacen. Para transformar un estado limitante permítete soltar tu yo actual o la concepción de ti mismo si están sostenidos en críticas o miedos. Al soltar y asumir la naturaleza de un estado de libertad transformarás tus limitaciones. La forma de cambiar tu expresión de vida es transformando tu conciencia.

"Yo soy" es una declaración que parte de la premisa de que tú eres la consciencia del ser, que es la única realidad.

Declara "Yo soy." Declara y continúa haciéndolo hasta que te inunde la sensación de simplemente ser. Encontrarás en lo profundo de ti que todas las cosas son divinamente posibles dentro de ti. La declaración "Yo soy" es una puerta abierta para que entre todo lo que ya eres.

Antes de que el hombre pueda intentar transformar su mundo, primero debe asumirse en la base del "yo soy".

Declara: "Yo soy, yo soy, yo soy", libre de todo pensamiento o concepto. Continúa declarándote a ti mismo que simplemente eres. No condiciones esta declaración, pues te llevará a la libertad. Dejarás atrás el ancla que te ata a lo artificial en ti.

Valorar esto es clave. Es momento de empezar a vivir de la luminosidad que vive dentro de ti. Una vez que somos conscientes del poder que tenemos, es momento de revalorizarnos. Comienza a sentirte como el señor de tu hogar interno, y vive en el poder central que eres realmente. Despierta a la soberanía que tienes, no como un hombre humano, sino con tu verdadero yo, una consciencia sin rostro y sin forma. Así te liberarás de tu prisión autoimpuesta. Eres uno con tu actual concepción de ti mismo. Pero seguramente eres más grande que aquello de lo que eres consciente de ser hoy en día.

> Solo puedes ser para los demás lo que eres primero para ti mismo.

¿Por qué no ser consciente de ser grandioso, amor en acción, saludable y todos aquellos atributos que ya viven en ti?

Confía en que el Universo "trabaja y fluye" a través de ti. No te cuestiones cómo esta conciencia se encarna en sí misma, porque ningún hombre es lo suficientemente sabio para saberlo. La duda es la prueba de que no te has entregado a la naturalidad de ser puro amor y por esto puedes reparar en inseguridades. Deja de preguntarte si eres digno o indigno de recibirte como un ser completo.

El estado de consciencia de gratitud es extremadamente mágico. Cuando experimentas el gozo de dar gracias por haber recibido lo que aún no es evidente para los sentidos, te vuelves uno con la consciencia, porque ahora sabes que todo ya vive en ti, y está en camino a su manifestación.

De esta manera te conviertes en la expresión de tu llamado, de tus mayores intenciones. Agradecerle al universo es ser abundante, ser genial, ser amoroso, ser sabio, es lo natural en ti.

Una buena práctica antes de entrar en un estado de silencio es liberar a todos los seres humanos de la culpa o el reclamo. Pues la concepción que cada hombre tiene de otros causará guerras internas; por ello es elemental estar en paz en toda relación. Por lo tanto, no te ocupes de la realidad del otro, porque la vida no comete errores y siempre da al ser humano lo que este se da primero a sí mismo. Y el juicio a los demás es un juicio con el que tú decides vivir y cargar.

Tu atención es como el pegamento de la vida, lo que la mantiene viva y sustenta tu mundo. Para disolver un problema que en este momento te parece real, todo lo que tienes que hacer es apartar tu atención de él. Aplica su contrario, comienza a sentirte a ti mismo como la solución.

En el campo de la consciencia es conveniente aceptar en todo momento la responsabilidad por todo lo que acontece, así evitas caer en la trampa de ser víctima. No existen las víctimas en estados de consciencia asentados en la Verdad o Sattva.

Pregúntate...

Si pudiera ver paz en esta situación:

¿Qué me pediría?
¿Qué les pediría a otros?
¿En dónde radica mi poder en esta situación?

Otra premisa importante para practicar en situaciones diarias es reflexionar sobre la lección del curso de milagros que plantea: "Solo veo el pasado".

Lo que recreamos de otros o de situaciones, en gran medida, es la imagen construida en el pasado de dicha persona o recuerdo, reconocida por nosotros en el presente como la "realidad" fija de lo vivido. Y esta es con la que nos relacionamos en la mayoría de las ocasiones y no con el ahora. No identificar esto elimina las posibilidades dentro del momento presente, porque nos acartonamos en nuestra perspectiva al relacionarnos con la historia construida de lo que creemos y pensamos de la vida. Por esto es de suma importancia decantar los pensamientos por medio las cuatro preguntas anteriores de Byron Katie.

Ahora si crees que hay margen de mejora en otros o en ciertas situaciones, comienza por reconstruirlo en tu mente, relaciónate con un nuevo contenido. Visualiza lo que te causa conflicto, en comprensión y en amor, y no como te gustaría que fuera desde la limitación o el egoísmo. Así te dejas de relacionar con la carga de tus memorias y aceptas que es el primer paso para transformar lo que está frente a ti. Además, te liberas de estancarte en cierto estado de consciencia en el que te tienen tus juicios rígidos.

Te invito hoy a practicar el cuestionar tu mente para deshacer los nudos mentales, para salir de los laberintos en los que a lo mejor llevas años habitando, estas historias viejas, en las que ya no tiene sentido rondar. Vuelve a tu centro, a tu lugar interno de paz, siempre presente; practica el vivir ahí, día a día.

Capítulo 18

El perdón es la puerta a la sabiduría

El perdón te da todo lo que buscas fuera…
Cuando perdonas, encuentras. Y cesa la
búsqueda.

¿Para ti qué es perdonar?

Para muchos, el perdón es un acto de gracia que concedemos a alguien que se portó mal con nosotros, ya sea nuestros padres, un socio, una pareja, otra persona. Es una fórmula en la cual una persona compasiva concede el perdón a una persona "peor, mala o equivocada". A su vez, el otro se convierte en el antagónico de nuestra historia, de quien tenemos que resguardarnos, y esto carga nuestra mente de juicios que terminan mermando la conexión con nuestro poder.

El dilema con este tipo de perdón es que quedamos en una posición de victimización frente a la vida y crea un adversario en nuestra mente. Experimentamos el presente sintiéndonos desvalorados y tememos el futuro porque existe la posibilidad de que otra persona nos haga daño; por ende, vivimos a la defensiva.

La finalidad de un perdón real es disolver la postura de víctima dentro de nuestra mente: que se erradique la posición pequeña y minimizada de nosotros, es decir, que los actos de otros no definan nuestro estado de gracia, identidad o grandeza. Si no conquistamos esto, nos volvemos víctimas de nuestras historias y, más aún, nos volvemos ellas, pues vivimos en contracción. Si tenemos pensamientos de miedo, nos metemos en laberintos mentales aparentemente sin salida, y ahí estamos extraviados.

Existe una manera de perdonar que no provoca la separación con otros y la desintegración de nuestra felicidad: es una posición en la cual no somos buenos, mejores, víctimas o peores que alguien más. El primer paso es dejar de ver al otro como *equivocado, pero perdonado*. Esto nos pone en una posición de que yo estoy en lo correcto y, por lo tanto, soy mejor o tengo superioridad moral. Queremos conquistar un espacio en el que podamos ver que la esencia de esa persona siempre es. Y que su comportamiento proviene del miedo y la inconsciencia. Responder con miedo nos pone en su mismo lugar, cuando lo que se requiere es liberación.

Esta posición es compleja, particularmente cuando te sientes abusado o traicionado por alguien, que es justamente cuando el cinismo o algo sin remedio se apodera de nosotros. Si tu pensamiento es yo no puedo perdonar esto que me sucedió y no lo merecía, seguramente tienes la razón. Pero qué tal si te regalas bajar lo sucedido al corazón, y ya no tratas de entenderlo racionalmente.

Para tu mente siempre va a ser malo y ahí no vas a encontrar salida. Solo desde la mente no dual se perdona, desde un nuevo estado de conciencia, fuera de las creencias morales y sociales. Es en un estado elevado del ser, no en una nueva narrativa.

Desde esta posibilidad de perdonar, te conviertes en maestro de otros que han vivido algo similar. Quizá al demostrarte ser capaz de liberar, te vuelves un eje importante para la humanidad. Al mostrarnos capaces de trascender lo vivido, cuando lo decidimos, nos sorprendemos gratamente.

Desde la Antigüedad los grandes maestros comprendieron que lo que sentimos se asocia con la interpretación que damos a las vivencias. Pero al erradicar las historias, al visitar los hechos desde nuevas posturas, se pueden reconocer los pensamientos que provienen del ego. Es saber discernir lo que pensamos con el fin de neutralizar los hechos que finalmente son la realidad de lo que fue, sin la añadidura de nuestras opiniones, que en su momento nos es natural emitir, pero a la larga se pueden volver una carga innecesaria. Todo ello sin negar que un hecho pudo ser o es doloroso, pero este se puede vivir desde la Verdad y la paz.

Por ejemplo, con el paso del tiempo, será bueno no quedarnos a la defensiva con pensamientos como: Por favor, que no vuelva a experimentar esto nuevamente. Es más funcional que se convierta en: Por favor, ayúdame a reconocer mis pensamientos de enojo para que sea capaz de ver determinada persona o situación de una manera distinta.

Mientras tengamos pensamientos de ego que nos mantienen en resistencia constante y a la defensiva, nos desconectamos de nuestro descanso interno. Al deshacernos de estos, conectamos con nuestra libertad.

En esta nueva era no es necesario pagar penitencias ni obligar a otros a que las paguen. Tampoco es efectivo vivir sintiéndonos pecadores o indignos. Esas enseñanzas son falsas e irreales, nos confunden y crean caos en nuestra vida. Lo que es funcional es residir en el amor mismo, que perdona natural-mente. Ya que el perdón, desde la mirada del amor, desvanece el juicio puesto en el recuerdo que nos aprisiona, y que con el tiempo se convierte en la raíz del sufrimiento. En este sentido, comprendemos que el perdón es una forma de memoria se-lectiva, que se basa en lo que decidimos perpetuar en nosotros respecto de una vivencia.

Al replantear lo vivido se abre la posibilidad de dejar ir el resentimiento y de esta manera se erradica el dolor. Renunciar a historias de dolor nos llena de paz, y sin pasado mental no existe la culpa.

¿Estás dispuesto? ¿Piensas que no perdonar algo o a alguien te sirve de algo hoy? ¿Qué es lo peor que podría pasar si hoy perdonaras?

Nuestro gran propósito como humanidad debe inclinarse a liberarnos, no a vivir atados al *yo* ilusorio o a las preocupacio-nes mentales del pasado. Para ello, se nos pide ser conscientes de los juicios que hay en nuestra mente para así cuestionarlos, con el fin de reconocer que somos dignos de un perdón.

Solo si perdonamos podremos eliminar los efectos que el pasado tiene en el presente. El perdón surge cuando acepta-mos que no pudimos haber tenido otro pasado, cuando somos capaces de dejar de tratar de entender lo vivido y nos permiti-mos experimentar el misterio y el vivir.

Experimenta en estos días qué poderoso es dejar ir histo-rias, resentimientos, frustraciones, ideas y creencias. Es la úni-ca manera de estar presentes, de ser vitales para seguir en la vida despiertos. Regalarnos la liberación de culpar es funda-mental, porque al no perdonar nos metemos en el fango de la confusión sin aparente salida.

Vive el perdón como una práctica diaria; perdona todo, convierte esto en una intención. Vive con la voluntad de eliminar tus juicios sobre alguien o algo. Perdonar es dejar de poner la atención en el pasado y reconocerte por encima de tus vivencias; de esta manera te regalarás equilibrio y una poderosa transformación. Así, te vuelves el protagonista de tu vida porque ya no te colocas en posiciones en las que le das tu poder a algo en el exterior.

Asumamos completa responsabilidad y respondamos siendo completos e íntegros. Cuando dejas ir, aparece la presencia poderosa para crear, para seguir tu camino, y con esta integridad conquistas tus experiencias, no solo en tu manera de ser, sino también en elegir "en qué" deseas actuar.

No te aferres a ninguna emoción que te lleve al pasado. Estas son nubes pasajeras que no te pertenecen. Son parte de la condición humana; obsérvalas, pero ya no te ates a ellas y no se volverán parte de quien eres en el presente.

Lo anterior es un perdón real y radical, en el cual ponemos límites, somos auténticos, decimos lo que debemos expresar y nos sostenemos dignos, desde una postura de entereza y de amor, sin necesidad de reprimir nuestros sentimientos, dejando fluir el sentimiento y alineados con nuestro poder interior.

Es importante estar atentos a que nuestro perdón no vaya de la mano del ego, porque su fin es pretender ser los buenos (lo cual es solo un rol para que aparezca un malo), tampoco se refiere a quitar a alguien la responsabilidad de sus actos. Esto se llama "el perdón que destruye".

Nos debilitamos al no ser asertivos por querer aparentar bondad. Es importante poner las fronteras necesarias, pero con un corazón en paz. Nuestro verdadero poder nace al vernos a nosotros y al otro de una manera neutral, es decir, que podamos vivir frente a nosotros y los demás relacionándonos como una consciencia unida más allá de nuestro comportamiento.

Pero, ojo, no has perdonado cuando aún sientes resentimiento, cuando en la mente existe "un oponente", cuando no has podido observarte separado de tu historia, y tu personalidad se ha convertido en parte de tus vivencias. Crees que eres lo que viviste y tu carácter se ha moldeado a ello.

El riesgo es que mantenemos a la persona que no perdonamos como un prisionero en nuestra mente, uno que hay que castigar. Pero el guardia somos nosotros. Por ello, no tenemos vida, porque vivimos a merced de no dejar libre al prisionero y lo sancionamos a través de nuestros pensamientos, sin darnos cuenta de que el guardia tampoco tiene una vida soberana.

Para esto es imprescindible comprender que no se alcanza este nivel de perdón desde la mente analítica, desde la personalidad o desde el ego. Recordemos que este vive del conflicto, y lejos de querer soltar una situación, nos dará toda lógica de por qué tenemos la razón y por qué es imposible un perdón real.

En este punto, es muy válido retomar las preguntas fundamentales que plantea Byron Katie en su libro *Loving What Is: Four Questions That Can Change Your Life*:

- ¿Quién serías hoy sin tu historia?
- ¿Cómo te sentirías?
- ¿Cómo invertirías tu tiempo y tu energía?
- ¿Cómo serías contigo y con otros?

A veces conservamos los juicios severos ante otros porque pensamos que nos protegen, que nos definen o nos dan un tipo de fuerza. No reconocemos que cargar con esta energía retrayente se refleja en todas las áreas de nuestra vida, y lejos de protegernos, estos juicios nos confunden y alejan de la posibilidad de relacionarnos con uno y con otros.

Para salir del sufrimiento en que nos tiene una vivencia debemos mirarla con la visión de la consciencia. Lo que requiere es que suspendamos por un tiempo todo lo dicho y pensado de lo vivido para que vaya disipando su engrane en nosotros.

Aquí surge la necesidad de una intención más clara. Una que va más allá del perdón, y por qué debemos concederlo. Es entender que nuestra serenidad y libertad dependen de él. En otras palabras, no estaremos en paz si no aprendemos de verdad qué significa perdonar. Cuando no perdonamos a otros, en realidad tampoco nos hemos perdonado a nosotros… piénsalo. ¿Qué te recriminas de lo vivido? Al vivir culpando a otros, al proyectar culpas y reclamos, en realidad nos culpamos. ¿Qué tienes por perdonarte hoy? Recuerda que cada ataque a ti o a otros nos deja cada vez más débiles y confusos.

El perdón es lo que trae luz a la confusión, mediante él sabemos quiénes somos realmente. Cada perdón es un paso a ti mismo que te recuerda tu verdadera esencia. Perdonar es deshacer la interpretación de lo que vivimos a tal punto que nos quedamos sin identidad. Soltamos la historia y el dolor hasta que regresamos a la tierna inocencia. El verdadero perdón te lleva a un punto en el que reconoces que no hay nada que perdonar.

El perdón remueve el cansancio mental, desvanece culpas, el miedo y te expone a tu verdadero poder interior. Perdonar es la principal función que tenemos en este camino de la vida, se alinea con el amor, la compasión y la sabiduría.

Ahora te pregunto: ¿crees que una vivencia dolorosa se alinea de alguna manera con tu crecimiento espiritual?

Muchas veces es el dolor lo que nos hace crecer y madurar si lo permitimos. El tiempo que invertimos en no perdonar lo podríamos utilizar para usar lo vivido en función de nuestra evolución. Hoy decide crecer. Seguramente hay toda una vida esperando que agradezcas, que valores y que estés presente en ella. Al respecto hay una oración que podemos repetir en este momento:

> No sé lo que significa esta situación,
> ni tengo capacidad para entenderla,
> pero lo que me corresponde es soltar,
> amarme y conectarme con el amor siempre
> presente.

El perdón real no te pide que niegues un dolor auténtico que hayas vivido, sino más bien es quitar a esa situación tu poder, con el fin de permitirte elegir la alternativa del amor para ti y cómo quieres vivir a partir de esto, para crear la posibilidad de soltar a otros de tu mente.

Lo anterior quiere decir que tomamos acciones que nos edifican y que ponemos los límites necesarios para nuestro bienestar. Pero al hacerlo reconocemos que el otro es un hermano más, al que no necesariamente condenamos. Por ello, lo poderoso que podemos hacer es pedir por su paz, hermanar con otros y con su vida. Esta es la última y la gran lección de vivir desde la fuente de la sabiduría.

Para los sabios, cinco mil palabras fueron suficientes para la liberación. La palabra *Apocalipsis* quiere decir "el levantamiento del telón." La cortina es el velo de la ilusión que hace parecer que estamos separados del amor. Llega el día en que despertamos y es claro que no podemos vivir atados al sufrimiento. Nos es evidente que tiene que existir algo más. Aspiramos a volver a nuestra inocencia original y dejar atrás la locura de nuestra mente condicionada.

> Déjate ir al Tao, saca lo mejor de ti:
> tus virtudes como guerrero, tu lealtad, tu amor,
> tu poder, tu determinación, tu visión
> y tu honestidad.

Cuando dejamos de creer que existe un futuro en el que tenemos que conseguir algo para ser alguien, el mundo se vuelve un lugar mucho más amoroso. Enfócate en llenarte de amor todos los días, déjate llevar por lo que trae el Tao, envuélvete en él. Aprende de cada momento, y mantente en poder y triunfador. El éxito es vivir en paz. La tranquilidad también se llama "iluminación", que se conquista lavando los platos, manejando, cuidando a alguien, trabajando, etcétera. La iluminación vive en lo cotidiano, en lo ordinario de la vida, este es el verdadero éxito y siempre lo tienes frente a ti.

¿Cómo transformamos el mundo?

La tranquilidad y la quietud de tu universo interior restauran el orden en el exterior. No te dejes caer en la cueva mohosa de las ilusiones. Mantente firme en la luz del origen, del vacío. Conserva tu dignidad, tu claridad y la paz dada. Cuando te mantienes en tu centro, la negatividad no te puede tocar, pues no se alinea con tu verdad.

> Bienvenido al maravilloso mundo de la Verdad.
> Te acompaño a la vida suave.

Palabras de cierre

Hoy reconozco que vivir y comprender lo planteado en este libro es todo un aprendizaje o, mejor dicho, un desaprendizaje, porque nos invita a una nueva autoobservación que nos desnuda para acceder directamente a la posibilidad de ser conscientes. Esto significa simplemente "darnos cuenta", nos abre a la posibilidad de "elegir" y esto es capital, porque es el "despertar de la mente mecánica" a la conexión con algo mayor.

Reconozco que vivir así es lo atrevido que propone este libro, porque te invita a vivir tu vida con la suavidad de un sabio, con la elegancia del que no tiene prisa y el que lo da todo, porque sabe que dentro de él vive el universo entero. Y esto es aterrador para la mente adiestrada por el miedo. El reto para muchos es el control ilusorio que pretendemos imponerle a la vida, que genera un sentido de identidad en este mundo sobrecargado de opiniones y posturas. También es cierto que existe un gran valor en sentirnos "productivos" y esto no está bien o mal, mientras no confundamos el hacer y la obstinación a la que invita el control con la fuente innata en la que verdaderamente se vive el poder personal, que en gran medida es silencioso, prudente, contundente y preciso.

Mucho de lo que se plantea en este libro es una invitación a dejarte ir por sus páginas con el fin de no tratar de entender a nivel analítico la lectura, y es que hemos intelectualizado de más la vida. Es llevar estas enseñanzas a la vida personal, y para esto es preciso despertar al maestro interior que vive dentro de cada uno de nosotros y dejar que nos guie, y más aún en momentos de dolor, ya que es en estos periodos cuando debemos usar la incomodidad como un gran maestro y soltar la mente; esto es todavía complejo en un mundo en el que aceptar lo que se nos presenta se asume como resignación.

Una pregunta clave cuando te sientas incómodo es esta: ¿qué no estoy aceptando en este momento?

Porque al recibir la vida, al entregarnos, al rendirnos, paradójicamente nos abrimos a la existencia y permitimos que el misterio, que es el vivir, no se convierta en una encrucijada, sino en un baile con el enigma de lo que no comprende la mente.

Y en esta humildad de recibir, abrazamos lo presente y nos acercamos a la contemplación del sabio, que persiste en amar lo que es, sin necesidad de razón.

Si en cada uno de nosotros radica un sabio, debemos vivir con el constante reconocimiento de que sabemos qué se espera de cada uno, tener la certeza de que existe un llamado a la Verdad, o sabiduría en cada situación; esta Verdad, como comprendimos en este libro, es una alineación con el maestro interno y nos indica cómo debemos actuar y vivir en todo momento.

Recuerda siempre el susurro que escuchamos entre silencios, que trae consigo el conocimiento, la intuición y las respuestas que brotan. Así, miramos de frente a la vida, sonreímos por dentro y suavizamos el corazón porque nos sabemos equipados para vivir.

Cuando sientas que un laberinto mental te consume por dentro y te aleja de las enseñanzas de este relato, entrégate sin resistencia al momento presente. Que este sea el puerto de partida para elegir tu siguiente paso. Esta es la manera en que resulta posible vivir a través de lo incomprensible de las infinitas incógnitas que vienen con la vida, porque más sufre quien se resiste a la realidad, a lo que simplemente ya es.

Y es que al saber que existe un maestro interno que nos guía y que nos recuerda el conocimiento más puro que vive en cada uno, se evidencia lo que somos capaces de hacer en toda adversidad. Y esto es imprescindible tenerlo claro cuando parece que la vida nos supera.

La rendición del intelecto rígido que nos ha gobernado por generaciones debe dar paso al conocimiento inherente en cada uno, para reconocer que los maestros externos, que son los otros y la vida, son un espejo de lo que llevamos dentro, porque cada uno de nosotros es un firmamento de conocimiento y respuestas innatas, si nos atrevemos a conocernos a través de las vivencias.

Por lo tanto, experimenta todo como un maestro, como algo o alguien que pone frente a ti un espejo a tu disposición para que veas las ilusiones mentales con las que vives atado, para desmantelar las encrucijadas mentales a las que te has apegado. Esto permite que irradie de ti la respuesta esencial y la enseñanza en determinado momento.

Al escribir estas páginas, comprendí que conviene permitir que las experiencias en las que estamos inmersos hoy se vivan como la armonía de una caminata pausada; por lo que te invito a que dejes de enfrentar la vida. Aprender a arrodillarte metafóricamente al amor te vuelve poderoso. Al abrir tus palmas y honrar lo que se te presente, te permite aprender a recibir la vida, en vez de forzarla o confrontarla.

Suelta la idea de llenarte de necesidades creadas, sostenidas por una vanidad no cuestionada, de cosas y cargas inútiles.

Esto es lo que reconoce el sabio: sabe que la riqueza de la nada simultáneamente invita al todo, que la abundancia de vivir en infinitas posibilidades y empapados de lo eterno está presente fuera de nuestra limitada percepción, porque esta tiende a llevarnos de engaño en engaño mental, en un trance constante que vuelve la vida sumamente estrecha.

Esa nada o vacío es una amenaza para muchos que cargamos con tantas historias, que nos echamos encima el peso de una vida sin preguntarnos si existe la posibilidad o la ganancia de descubrir que se puede vivir e inclusive estar durante periodos en el día a día sin identificarnos con lo que se piensa. Sin proyectar miedos al exterior o a otros, sin imaginar tragedias constantes, sin que el temor gobierne nuestro actuar.

Recuerda que para esto se requiere rendición y espacio, un silencio que da paso al encuentro con el pozo sin fin del que surge la calidad interna que existe en cada uno, que, sin duda, sorprende con innumerables soluciones para el diario vivir a quien se lo permite.

Un día, ojalá no sea muy lejano, entenderemos que la riqueza de la vida se encuentra detrás de lo que pensamos y creemos de las experiencias. De lo que nosotros inocentemente llamamos "nuestra vida o nuestra historia", de nuestros tercos y permanentes puntos de vista, que tantas veces nos rigidizan y crean en nosotros personalidades confiscadas por ideas erróneas que anulan la autorreflexión y el crecimiento interno.

Al soltar lo artificial, se vive una libertad abundante y extensiva, y el descanso profundo que da el conectar con el todo.

Este origen neutro no es más que la experiencia de vivir realmente, esa que transcurre de momento a momento, que nos brinda el gran poder que nos da estar olvidados de nosotros mismos, de conceptos que nos entorpecen, estar inmersos en la vida de lleno, con todos sus matices.

Te deseo una vida simple y sabia a cada paso venidero. Vive la vida suave.

Bibliografía

Arbinger Institute, *The Anatomy of Peace: Resolving the Heart of Conflict*, San Francisco, Berrett-Koehler Publishers, 2006.

Arbinger Institute, *Leadership and Self-Deception: Getting out of the Box*, San Francisco, Berrett-Koehler Publishers, 2010.

Bennington, Emily, *Miracles at Work*, Boulder, Sounds True, 2017.

Bhagavad Gita, nueva traducción de Stephen Mitchell, Nueva York, Three Rivers Press, 2002.

Bradshaw, John, *Healing the Shame That Binds You*, Deerfield Beach, Health Communications, 2005.

Breggin, Peter R., *Guilt, Shame and Anxiety Understanding and Overcoming Negative Emotions*, Nueva York, Prometheus Books, 2014.

Byron, Katie y Stephen Mitchell, *Loving What Is: Four Questions That Can Change Your Life*, Nueva York, Three Rivers Press, 2003.

Chalmers Brothers, *Language and the Pursuit of Happiness*, Naples, Florida, New Possibilities Press, 2005.

Chopra, Deepak, *Sincrodestino: descifra el significado oculto de las coincidencias en tu vida y crea los milagros que has soñado*, traducción de María del Pilar Montes de Oca, Alamah, México, 2008.

Chopra, Deepak, *Synchro Destiny*, Londres, Random House, 2005.

Cohen, Alan, *Un curso de milagros (fácil). Claves para entenderlo de forma sencilla*, Barcelona, Urano, 2016.

Colin, Tipping, *Radical Self-Forgiveness. The Direct Path to True Self-Acceptance*, Boulder, Sounds True, 2011.

D'Ors Pablo, *Biografía del silencio*, Barcelona, Galaxia Gutenberg, 2020.

Dispenza, Joe, *Sobrenatural*, traducción de Victoria Simó, Barcelona, Urano, 2018.

Doidge, Norman, *The Brain That Changes Itself: Stories of Personal Triumph from the Frontiers of Brain Science*, Nueva York, Penguin Books, 2007.

Garnier Malet, Jean-Pierre y Lucile Garnier Malet, *El doble... ¿cómo funciona?*, traducción de Carolina Rosset Gómez, Madrid, Arkano Books, 2016.

Goddard, Neville L., *El poder de la conciencia*, traducción de Marcela Allen Herrera, Columbia, Wisdom Collection, 2017.

Goddard, Neville L., *Sentir es el secreto*, traducción de Marcela Allen Herrera, Middletown, Wisdom Collection, 2018.

Hawkins, David R., *Letting Go.* Nueva York, Hay House, 2013.

Hawkins, David R., *Power vs. Force. The Hidden Determinants of Human Behavior*, Nueva York, Hay House, 2012.

Hernández Arias, José Rafael, *Introducción a Nietzsche*, Barcelona, Editorial Gredos, 2022.

Howard, Christopher, *Turning Passions into Profits: Three Steps to Wealth and Power*, Nueva Jersey, John Wiley and Sons, 2004.

Jung, Carl Gustav, *Memories, Dreams, Reflections*, Nueva York, Vintage, 1989.

Lao Tzu y Stephen Mitchell, *Tao Te Ching*, Perennial Classics, 2006.

LeMay, E., J. Pitts y P. Gordon, *Heidegger para principiantes*, traducción de Juan Carlos Kreimer, Buenos Aires, Era Naciente, 1994.

Liani, Mario, "Las enseñanzas de Viryon". http://www.38uh.com.

Maddi, Salvatore y Suzanne Kobasa, *The Hardy Executive: Health Under Stress*, Burr Ridge, Irwin Professional Pub, 1984.

Mandela, Nelson, *Long Walk to Freedom: The Autobiography of Nelson Mandela*, Nueva York, Little Brown & Co., 1995.

Maturana, Humberto R. y Francisco Varela, *Tree of Knowledge*, Boulder, Shambhala, 1992.

Mohandas Karamchand (Mahatma) Gandhi y Mahadev H. Desai Gandhi, *An Autobiography. The Story of My Experiments with Truth*, Boston, Beacon Press, 1993.

Mundy, Jon, *Vivir un curso de milagros*, México, Lectorum, 2011.

Nichol, Lee (ed.), *The Essential David Bohm*, Nueva York, Routledge, 2002.

Potter-Efron, Ronald y Patricia Potter-Efron, *Letting Go of Shame*, Center City, Hazelden, 1989.

Shimoff, Marci, *Happy for No Reason: Seven Steps to Being Happy from the Inside Out*, Nueva York, Simon and Schuster, 2009.

Simon, David, *Free to Love, Free to Heal*, Carlsbad, Chopra Center Press, 2009.

Tolle, Eckhart, *The New Earth*, Nueva York, Penguin Random House, 2016.

Torres, Sergi, *¿Me acompañas?*, Barcelona, Urano, 2017.

Tsabary, Shefali, *The Conscious Parent: Transforming Ourselves, Empowering Our Children,* Vancouver, Namaste Publishing, 2014.

Walter, Isaacson, *Einstein,* Nueva York, Simon and Schuster, 2007.

Wolinsky, Stephen, *Quantum Consciousness.* Lexington, Bramble Books, 2016.

Esta obra se terminó de imprimir
en el mes de febrero de 2026,
en los talleres de Grafimex Impresores S.A. de C.V.,
Ciudad de México.